圖説絲綢之路

高亞芳
王力
編著

中華書局

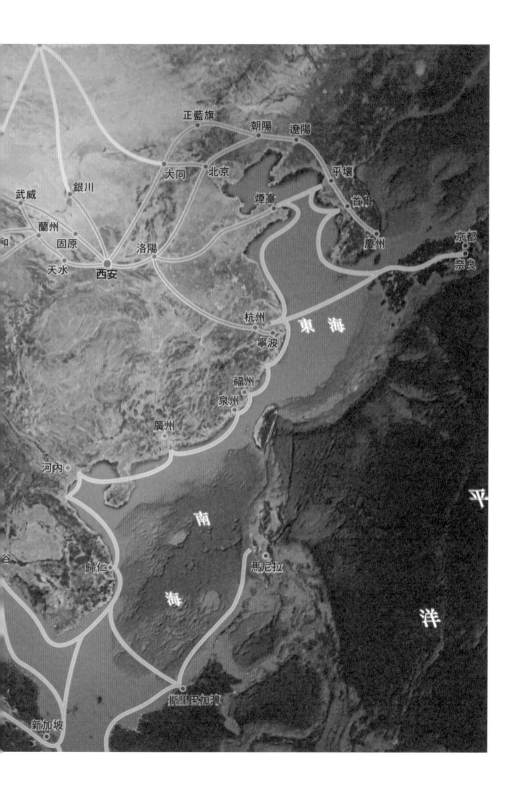

正藍旗　朝陽　遼陽

大同　北京　平壤　首爾

武威　銀川

蘭州　固原　洛陽　煙臺　慶州　京都　奈良

天水　西安

杭州　東海

寧波

福州

泉州

廣州

河內

南

歸仁　馬尼拉　海

斯里巴加灣

新加坡　平　洋

3

目　錄

寫在前面

「絲綢之路」是指起始於古代中國，連接亞洲、歐洲和非洲的古代商貿、文化交流路線。從狹義上講，絲綢之路僅指陸上絲綢之路；從廣義上講，絲綢之路又分為陸上絲綢之路和海上絲綢之路。

「陸上絲綢之路」正式形成於公元前 2 世紀，是連接中國與歐洲直到非洲諸地區的陸上商業貿易通道，從開通一直到 16 世紀仍保留使用。陸上絲綢之路是一條政治、經濟、文化交往之路，但因中國盛產的絲綢在絲路歷史上長期佔據非常重要的位置，所以，19 世紀 70 年代當德國地理學家李希霍芬將之命名為「絲綢之路」後即被廣為接受。今天，我們用「絲綢之路」指稱以中國為根本的古代東西交往的各條道路。

「海上絲綢之路」正式形成於秦漢時期，是連接古代中國與外國交通貿易和文化交往的海上通道，直到明末清初實行海禁後，才開始走向衰落。海上絲綢之路主要以南海為中心，所以又稱南海絲綢之路。

絲綢之路，並不僅僅是一條商業通道，而是一條連接中國與世界的紐帶，古老的中華文明、印度文明、埃及文明、希臘－羅馬文明、美索不達米亞文明和中亞文明在這裏交會碰撞。

絲綢之路，並不僅僅是一條單一的道路，而是一個貫穿古今的陸上和海上的商貿文化交流區域，在這個區域內，中國的絲綢、瓷器、陶器、茶葉等大量珍貴物品和科學文化通過陸路源源不斷地輸往中亞、南亞、西亞和歐洲、非洲，也通過海路源源不斷地傳入東亞、大洋洲、美洲等世界各地。與此同時，其他國家的天文、算術、醫藥等科技知識，音樂、舞蹈、雕塑、繪畫、建築等藝術手法，早期的佛教、伊斯蘭教、基督教等宗教文化也通過絲綢之路傳入中國。

　　絲綢之路對人類文明的最大貢獻，是溝通了不同國家、不同民族之間的交往，也促進了東西方雙向的文化交流。歷史證明，由絲綢之路帶動的不同文化的交流碰撞，推動了世界的進步和發展。

上編

陸上絲路

概　說

走馬西來欲到天，辭家見月兩回圓。
今夜未知何處宿，平沙莽莽絕人煙。

——岑參《磧中作》

　　古老的陸上絲綢之路，伴着悠悠駝鈴聲，讓我們再一次回望你。

　　陸上絲綢之路全長約 7000 公里，是聯繫東方與西方之間政治、
經濟、文化交流的陸上通道。公元前 138 年（西漢建元三年），張騫
帶着百餘名隨從從長安起程，經隴西（今甘肅臨洮南）向西進發，歷
盡艱難，終於到達中亞、西亞地區，中國通往西方的門戶得以貫通。
中國古代著名史學家司馬遷在《史記》中以「鑿空」二字精闢形象地
概括了張騫出使西域使命的艱辛。

　　自張騫開闢絲綢之路後，這條通道便成為了歷代王朝對外交往
的主要通道。當時漢朝赴西域的使者「相望於道」，從西域來中國的
使者、商人也絡繹不絕。從東漢末年至魏晉南北朝時期，由於中原內
亂，不少大族和有文化的士人遷居河西，促使河西走廊的文化得到前
所未有的提高，也為絲路文化的欣欣向榮奠定了基礎。隋朝統一南北
後，隋煬帝派黃門侍郎裴矩往來於張掖、敦煌之間，通過西域胡商，

聯絡各國首領，總管貿易，拉開了絲綢之路繁榮昌盛的序幕。進入唐代，民族的進一步融合，疆域的更廣闊開拓，使得中西往來更加暢通無阻。宋代時，北方民族多戰亂，加上宋朝經濟、文化重心的逐漸南移以及海上絲綢之路的崛起，弱化了陸上絲綢之路的中西交往。蒙元時期，隨着歐亞帝國的建立，東西絲路又迎來了新的發展契機。到了明清時期，閉關鎖國政策愈演愈烈，加之近代中國戰爭動盪，以致統治者無暇顧及，絲綢之路沿線沙漠化嚴重，導致絲綢之路開始走向衰退。

陸上絲綢之路是一個符號，一個過程，一種精神的象徵。當古羅馬人把他們想象中的中國稱為「賽里斯」（意即絲綢之國）時，我們能感受到絲綢對西方社會產生了怎樣的影響。當漆器、火藥、指南針、瓷器以及造紙、打井、冶煉等技術次第西傳時，當葡萄、石榴、核桃、香料、胡椒、玻璃、象牙、獅子等「殊方異物，四方而至」時，我們亦能感受到世界共榮的盛大景象。

陸上絲綢之路作為人類交通、商貿、文化、宗教、技術以及民族等方面長期交流與融合的文化線路，因華美而矜持，因富有而遠藏。

陸上絲路路線圖

　　陸上絲綢之路是我國古代文明向西方傳播的重要渠道，是溝通中西方經濟文化交流的橋梁。通常所説的陸上絲綢之路是指西漢張騫開闢的東起長安、西到羅馬的大陸通道，另有草原絲綢之路和西南絲綢之路，本書不再詳述。

　　絲綢之路的基本走向形成於公元前後的兩漢時期，這條東西通路，將中原、西域（狹義的西

域是指玉門關、陽關以西，葱嶺帕米爾高原以東，崑崙山以北，巴爾喀什湖以南，即漢代西域都護府的轄地。廣義的西域包括葱嶺以西的中亞細亞、羅馬帝國等地，包括今阿富汗、伊朗、烏茲別克斯坦至地中海沿岸一帶）與阿拉伯、波斯灣緊密聯繫在一起。經過幾個世紀的不斷努力，絲綢之路向西伸展到了地中海，成為亞洲和歐洲、非洲各國經濟文化交流的友誼之路。學術界一般把這條東西通道分成東段、中段和西段。

陸上絲路分段示意圖

東段

　　漢武帝建元三年（前 138 年），使臣張騫率隊出隴西，經匈奴，西行至大宛，經康居，抵達大月氏，再至大夏，「鑿空」西域，標誌着絲綢之路的正式開通。在絲綢之路正式開通時期的漢代，中國的首都在長安（今西安西北），到中原來的商人、使者和僧侶，大都以到達長安為他們的目的地。所以，絲路的東段起點，一般都從長安算起。之後，隨着朝代更替和政治中心轉移，絲路的起點也在發生着變化，今天的洛陽、開封、北京都曾先後作為絲路起點。

　　東段絲路自長安至敦煌，較之中西段相對穩定，但長安、洛陽以西又分 3 線：

① 北線由長安 / 洛陽，沿渭河至虢縣（今寶雞），過汧縣（今隴縣），越六盤山固原和海原，沿祖厲河，在靖遠渡黃河至姑臧（今武威），路程較短，沿途供給條件差，是早期的路線。這條道路至少從秦代就是關中平原與隴西交往的重要

交通線，沿途有較多的戍守、屯墾和驛站，屬於軍事活動頻繁地區，與當時抗擊匈奴的形勢有着比較密切的關係。

② 南線由長安／洛陽，沿渭河過隴關、上邽（今天水）、狄道（今臨洮）、枹罕（今臨夏），由永靖渡黃河，穿西寧，越大斗拔谷（今扁都口）至張掖。張騫出使西域，霍去病北征匈奴，都路經南線。南線補給條件雖好，但繞道較長，逐漸衰落。

③ 中線與南線在上邽分道，過隴山，至金城郡（今蘭州），渡黃河，溯莊浪河，翻烏鞘嶺至姑臧，又被稱為隴關道。這條線路開闢的時間較晚，係公元 32 年東漢政府為征討隴西一帶的隗囂割據政權，在隴山中開闢出來的通道。中線相較於南線，路程短且便捷，後來成為主要幹線。

南北朝時期，中國南北方處於對立的狀態，而北方的東部與西部也時分時合。在這樣的形勢下，南朝宋齊梁陳四朝與西域的交往，大都是沿長江向上到益州（今成都），再北上龍涸（今松潘），經青海湖畔的吐谷渾都城，西經柴達木盆地到敦煌，與絲路幹道合；或更向西越過阿爾金山口，進入西域鄯善（今若羌）地區，與絲路南道合，這條道被稱作「吐谷渾道」或「河南道」，今天人們也叫它作「青海道」。

南北中三線會合後，由張掖經嘉峪關、酒泉、瓜州至敦煌，就是東段絲路的河西段。漢與西域的文化交往主要通過河西走廊；南北朝時期，由於河西走廊被割據政權佔據，南朝與西域的交往主要通過今青海道；唐朝統一後，河西走廊又恢復了在絲綢之路中的主導地位；11 世紀西夏崛起，青海道和河西走廊被切斷，北宋只能向北渡過黃河，再由河套地區向西進入西域。從元朝起，河西走廊為中西方交往穩定通道。

中段

　　中段絲路主要是指西域境內的諸線路，自敦煌至葱嶺（今帕米爾高原）或怛羅斯（今哈薩克斯坦的江布爾城）。西域地區北有阿爾泰山、南有喀喇崑崙山，天山東西橫亘於中，自然地將西域分為南北兩部分，在這些山脈、戈壁之間及其邊緣地區，便成了重要的通道。

　　張騫出使西域，先出玉門關，沿天山南麓西行，繞道大月氏；然後沿着崑崙山北麓東進，返回長安。從此，形成了天山南麓和崑崙山北麓兩條通向西域的交通幹線。在漢代，稱天山南麓的道路為北道，稱崑崙山北麓的道路為南道。

　　從鄯善，傍南山北、波河西行，至莎車為南道；南道西踰葱嶺則出大月氏、安息（今伊朗）。自車師前王庭（今吐魯番），隨北山、波河西行至疏勒（今喀什）為北道；北道西踰葱嶺則出大宛、康居、奄蔡（黑海、鹹海間）。北道上有兩條重要岔道：一是由焉耆西南行，穿塔克拉瑪干沙漠至南道的于闐（今和田）；一是從龜茲（今庫車）西行過姑墨（今阿克蘇）、溫宿（今烏什），翻拔達嶺（別迭里山口），經赤谷城（烏孫首府，今吉爾吉斯斯坦伊塞克湖州伊什提克），西行至怛羅斯。

　　由於南北兩道穿行在白龍堆、哈拉順和塔克拉瑪干大沙漠，條件惡劣，道路艱難。東漢時在北道之北另開一道，隋唐時成為一條重要通道，稱新北道。原來的漢北道改稱中道。新北道由敦煌西北行，經伊吾（今哈密）、蒲類海（今巴里坤湖）、北庭（今吉木薩爾）、輪臺（今半泉）、弓月城（今霍城）、碎葉（今吉爾吉斯斯坦托克馬克市附近）至怛羅斯。隋唐時期把這三條路線依次稱南道、中道（漢代稱北道）、北道（即新北道），延續至今。

正是張騫的出使西域，開通了中段絲路的交通路線，開始了內地與西域、印度、中亞和西亞地區的直接交往。

西段

西段絲路的興起先於東中段。尼羅河流域和兩河流域的遠距離貿易，早在遠古時期已經產生。公元前 8 世紀到公元前 7 世紀，以美索不達米亞為中心統一了西亞的亞述帝國，控制了從波斯到埃及的廣大地區，以敍利亞為樞紐的西亞交通線由此發展起來。公元前 6 世紀，波斯阿黑門尼德王朝崛起於伊朗高原，建立了東至印度西北部和粟特地區，西到埃及的大帝國。為了加強各地區之間的聯繫，在帝國境內修築了四通八達的交通網，漸漸形成了西線絲路的主幹道。

張騫「鑿空」西域之後，漢朝頻繁派出使節出使西方，最遠的漢使到了犁軒（今埃及亞歷山大港）。羅馬人征服敍利亞後，通過安息帝國、貴霜帝國等獲得從絲路傳來的中國絲綢。東漢時班超重新打通隔絕 58 年的西域，公元 166 年，古羅馬大秦王安敦首次派使者來洛陽，標誌着中西方文化交往的開始，這條線路也成為 21 世紀初完整的絲綢之路路線。

西段絲路自葱嶺（或怛羅斯）至羅馬，涉及範圍較廣，包括中亞、南亞、西亞和歐洲，歷史上的國家眾多，民族關係複雜，因而路線常有變化，大體可分為南、中、北 3 道：

① 南道由葱嶺西行，越興都庫什山至阿富汗喀布爾後分兩路，一西行至赫拉特，與經蘭氏城（今阿富汗馬紮爾城東的巴爾赫古城）而來的中道相會，再西行穿巴格達、大馬士革，抵地中海東岸西頓或貝魯特，由海路轉至羅馬；另一線從白沙瓦南下抵南亞。

② 中道（漢北道）越蔥嶺至蘭氏城西北行，一條與南道會，一條過德黑蘭與南道會。

③ 北新道也分兩支，一經鈸汗（今烏茲別克斯坦費爾干納）、康（今烏茲別克斯坦撒馬爾罕）、安（今烏茲別克斯坦布哈拉）至木鹿（今土庫曼斯坦巴伊拉姆阿里城附近）與中道會西行；一經怛羅斯，沿錫爾河西北行，繞過鹹海、裏海北岸，至亞速海東岸的塔那，由水路轉刻赤（今俄羅斯克里米亞共和國港口城市），抵君士坦丁堡（今土耳其伊斯坦布爾）。其中經裏海到君士坦丁堡的路線是在唐朝中期開闢的。

上面所說的這些交通路線，每段都有許多叉道，而且各道之間互相溝通。特別是每條道路經過的大城市，都自然形成以它為中心的交通網，並不一定非沿某一條路線通行不可，這正反映了絲綢之路的實際情況。

陸上絲路 東段絲路

長安

　　長安——歷史上第一個被稱為「京」的都城，是當今西安的古稱。一般被認為是絲綢之路的起點城市，也是中國歷史上第一座真正意義上的城市。長安在中國歷史上顯赫一時，是中國的政治、經濟、文化中心，歷史上有周、秦、漢、隋、唐等在內的 13 個王朝在此建都，是世界四大古都之一。

　　因為絲綢之路，長安的宗教文化無處不在。烙印在長安的記憶中的，除卻儒家的謙和，道家的風骨，還有玄奘自西天取經歸來所述的佛教以及大秦的景教、「七寺十三坊」的伊斯蘭教。數千年的宗教文化充分吸收了傳統文化的營養，同時也深刻影響了關中人的道德禮儀、思維方式、生活風俗和文化藝術等，宗教文化與地域文化相互補充、融合，豐富了長安文化的寶庫。

長安——西漢王朝建立後，立名「長安」，取「長治久安」之意，與雅典、羅馬、開羅並稱為世界四大古都，在世界文明史上久負盛名。

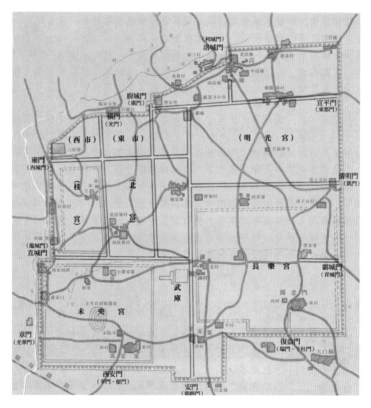

漢長安城圖

　　長安以其獨特的政治、經濟地位，很自然地就成了中原絲綢的最大集中之地。漢長安城規模宏大，比當時西方的羅馬城大三倍多。這裏交通便利，漢唐時期是西北與巴蜀和中原等地貿易的樞紐，又是對西域通商的中心。漢長安城中有東、西兩個商業區，東區三個市場，西區六個市場。唐代在大興城基礎上改建而成的長安城，是當時世界上最宏偉的城市，成千上萬的外國人居住於此。西安出土的文物，如波斯薩珊銀幣、東羅馬金幣及仿製品等，證實了薩珊、東羅馬、大食（阿拉伯）等國與隋唐的密切關係。

張騫出使西域圖壁畫（臨摹品）——該壁畫存於甘肅省敦煌莫高窟第 323 窟，為佛教史跡畫。敦煌壁畫中對張騫出使西域的圖像記載，表明了後世人們對張騫鑿空西域、開拓絲綢之路的偉大創舉的景仰和紀念。

　　公元前 138 年和公元前 119 年，張騫兩次從長安出發出使西域，完成了「鑿空」西域的壯舉。《漢書·鄭吉傳》言：「漢之號令班西域矣，始自張騫而成於鄭吉。」著名學者范文瀾說：「張騫通西域，『中外文化的交流開始了一個新紀元』，『高度發展了的漢文化也大量傳播到天山南北以及更遙遠的西方』。」正是由於張騫鑿空西域，絲綢之路開通，中國與西方之間的文化交流開始由自發狀態轉為政府刻意經營管理下的自覺交流。公元前 114 年，張騫去世，歸葬故里漢中郡城固（今陝西省城固縣），他所派遣出使西域的副使陸續帶領各國使節來到長安，從此開啟了長安作為「國際都市」的序幕。

張掖黑水國遺址 —— 位於張掖城西 10 公里處。是比張掖的歷史更為久遠的古文化遺址，歷史上曾為匈奴或月氏駐守。黑水國因黑河而得名。黑河古稱「弱水」，發源於祁連山，因發洪水時挾帶黑沙滾滾而來得名。

河西走廊

長安至敦煌，是絲綢之路東段。東段有南、北、中三線，無論哪一線，都繞不開河西走廊。出長安往西，過秦隴之地，渡黃河，再往西行，就進入河西走廊。河西走廊東起烏鞘嶺，西抵古玉門關，南北均為高山，中間為一狹長地帶。是中原通西域的必經之路，也是絲綢之路的咽喉要道。因在黃河以西，故稱河西走廊。這裏有古之甘州（今張掖）、肅州（今酒泉），即甘肅省名來歷。這裏也是西涼故地，歷來為兵家所爭。匈奴、月氏、黑水國等都曾在此佔據一時。

陽關遺址 —— 西漢置關，因在玉門關之南而得名，位於敦煌西南的古董灘附近。與玉門關南北呼應，是漢王朝防禦西北遊牧民族入侵的重要關隘，也是絲綢之路上中原通往西域的重要門戶。

　　張騫經河西走廊而通西域，從此，商旅往來，駝鈴聲聲，既使沿途經濟得到繁榮發展，又促進東西文化交流融合。歷代中原王朝都很重視這裏，漢武帝時，即在此設武威、張掖、酒泉、敦煌等郡，合稱「河西四郡」，再加上玉門關和陽關，史稱「列四郡，據兩關」，其後歷代經營不斷。中原王朝對河西走廊的重視，確保這一帶的安全，為往來商旅提供了出行保障，為絲綢之路保駕護航。

榆林窟 ── 又名萬佛峽，因洞窟開鑿在榆林河峽谷兩岸的峭壁上，河岸榆樹成林而得名。榆林窟是敦煌石窟的組成部分之一，現存唐、五代、宋、西夏、元等朝代洞窟 42 個。其中第 25 窟的唐代壁畫，是世所罕見的珍品。

「絲綢西去，佛教東來」，伴隨佛教東來的是佛教石窟藝術。這在河西走廊，在甘肅體現尤為明顯。據不完全統計，甘肅全省有大大小小的石窟 170 餘處。

敦煌莫高窟、西千佛洞，瓜州榆林窟，張掖馬蹄寺石窟，武威天梯山石窟，永靖炳靈寺石窟，慶陽北石窟，武山水簾洞石窟，甘谷大象山石窟，麥積山石窟等是其中極有代表性的石窟。尤其莫高窟、西千佛洞、榆林窟，代表了中國佛教石窟藝術的頂峰。

石窟藝術起源於印度，是依山開鑿的一種佛教建築。正是沿着絲綢之路，石窟傳入中國。從現有的石窟遺存來看，有很明顯的中國化過程。早期佛像以石雕為主，形象也大多高鼻深目，多為南亞、西亞、中亞等西域特色。其後逐漸增多泥塑，形象也漸趨中原化。而經變畫之類的壁畫，則完全是中原獨創的藝術形式。

歷史上的敦煌曾是中西交通的樞紐要道，絲綢之路上的咽喉鎖鑰，對外交往上的國際都會，經營西域的軍事重鎮，在中華歷史的長卷上佔有光輝的篇章。著名學者季羨林先生指出：「世界上歷史悠久、地域廣闊、自成體系、影響深遠的文化體系只有四個：中國、印度、希臘、伊斯蘭，再沒有第五個；而這四個文化體系匯流的地方只有一個，就是中國的敦煌和新疆地區，再沒有第二個。」

陸上絲路　中段絲路

樓蘭

從長安往西，經河西走廊，就到達了被稱為「沙漠中的龐貝」的神祕古城 —— 樓蘭（後名鄯善，今新疆若羌）。樓蘭位於羅布泊西部，處於西域的樞紐，是西出陽關的第一站，東通敦煌，西北到焉耆、尉犁，西南到若羌、且末。古代「絲綢之路」的南、北兩道從樓蘭分道。樓蘭古國在約公元前 3 世紀時建國，到公元 4 世紀時卻突然神祕地消失了，只留下一片廢墟靜立在沙漠中，引發後人無限遐想。

樓蘭遺址 —— 樓蘭遺址是瑞典探險家斯文‧赫定於 1901 年首次發現，位於新疆巴音郭楞蒙古自治州若羌縣羅布泊沿岸，古城平面近正方形，邊長 330 米左右，現幾乎全被流沙所湮沒，受風力侵蝕而形成獨特的「雅丹」地貌。

早在公元前 2 世紀以前，樓蘭就是西域一個著名的「城廓之國」，《史記‧大宛列傳》記載張騫通西域時，即已知道樓蘭是個臨近鹽澤、邑有城廓的地方。那時的樓蘭是「絲綢之路」上的一個繁華之邦，政通人和、經濟繁榮、物產豐富，是西域重鎮。在漢朝驅逐匈奴、開通絲路、統轄西域的過程中，位於東西交通必經之地的樓蘭，曾起過十分重要的作用。隋煬帝時，在樓蘭設郡，使這裏進一步成為絲路上的重要據點；唐代僧人玄奘曾途經此地，看到樓蘭國已「城廓巋然，人煙斷絕」；到元代，這裏仍是絲路的重要通道，當時稱「羅布」，直至清代，始稱若羌。在這條交通線上，曾經「使者相望於道」，駝隊如雲，古樓蘭因商貿帶來盛極一時的繁華，中原內地的絲綢、茶葉，西域的馬、葡萄、珠寶，最早都是通過樓蘭進行交易的。

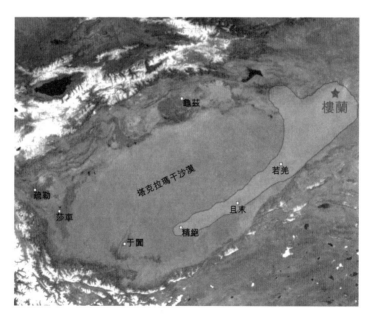

樓蘭王國地理位置示意圖 —— 樓蘭王國位於羅布泊西部，處於中原聯通西域的樞紐。約公元前 3 世紀時建國，公元 4 世紀消亡，共有 800 多年的歷史。

漢文木簡 —— 共計 7 件，出土於樓蘭古城，是研究漢晉時期樓蘭地區和古代新疆政治
軍事制度、社會經濟生活以及書法藝術的珍貴材料。

　　樓蘭古城出土的漢文木簡，其內容有公文函件，有敕令書信，有
官吏往來，有軍事組織，有屯田種地，有廩食記錄等，從中我們可以
得到以下認識：第一，從曹魏齊王芳嘉平四年（252 年）至前涼建興
十八年（330 年），前後 78 年間，樓蘭國與中原的封建王朝一直保持
着緊密的隸屬關係，特別是在曹魏後期和西晉前期；第二，樓蘭城是
曹魏西晉時期西域長史的治所、駐地，是當時的西域重鎮，在絲路經
濟、文化交往中起着不可替代的重要作用。

精絕古國

　　從樓蘭往西，是「亞洲腹地」——塔里木盆地，這個獨特的地區保存了許多的早期人類文明遺跡，諸如被西方學者稱為「死亡之海中的東方龐貝」——精絕古國。精絕國是西漢時期中國西部一個比較小的城邦國家，位於尼雅河畔的一處綠洲之上。《漢書·西域傳》載：「精絕國，王治精絕城，去長安八千八百二十里。」精絕國以農業為主，是絲綢之路的必經之地，商賈雲集，繁華富庶。東漢後期，精絕國被日益強大的樓蘭國兼併。後來，受魏晉王朝節制。公元 3 世紀後，精絕國消失。

「五星出東方利中國」錦護膊 —— 該文物為死者的護臂，圓角長方形，以錦為畫，白絹包緣，長邊各縫綴三條黃絹繫帶，是漢式織錦最高技術的代表，據考證屬漢宣帝神爵元年（前 61 年）趙充國用兵羌地的軍事行動的見證。

延年益壽大宜子孫錦雞鳴枕 —— 東漢時期文物，出土於新疆民豐縣尼雅遺址 1 號墓地。用「延年益壽大宜子孫」錦縫製而成，形狀為同身雙首雞，雞身為頭枕的部位。是絲綢之路文化交流的重要物證。

煤精「司禾府印」—— 該印於 1959 年在新疆民豐縣尼雅遺址出土，印文方正平穩，渾厚古樸，反映了漢代篆書的特點。從出土的「司禾府印」可以說明，東漢時期在民豐縣尼雅附近一帶也曾設置有屯田機構。同時，漢政府通過屯田，保證了西域境內絲綢之路的暢通和交通安全。

新疆尼雅北方遺址石權杖 —— 權杖是代表權力和身份、地位的威信物，在美索不達米亞和古埃及文明中有悠久的歷史。權杖在近東出現後，不斷向四周擴散，其中向東的一支沿絲綢之路經過伊朗進入東亞，繼而影響了中國。

　　尼雅遺址是漢晉時期精絕國故址，位於新疆的民豐縣，最早由英籍匈牙利人斯坦因發現，他用尼雅河的名字為這座古城命名為「Niyasite」。尼雅遺址是以佛塔為中心的狹長區域，城內散佈着規模不等、殘存程度不一的眾多房屋遺址、場院、佛塔、佛寺、田地、渠系、陶窰和冶煉遺址等，還出土了佉盧文（最早起源於古代犍陀羅，是公元前 3 世紀印度孔雀王朝的阿育王時期的文字）木牘、漢簡以及漢代銅鏡、銅錢、樂器、弓箭、玻璃器、水晶飾物、木雕、絲毛織物、漆器殘片等珍貴文物，顯示出這一絲路古國曾經的繁榮以及其在中西交通中的重要地位。

龜茲

從樓蘭沿絲路中段北道西行，便來到了中國古代西域大國之一，唐代安西四鎮之一 —— 龜茲（今新疆庫車）。張騫「鑿空」西域時，龜茲臣屬於漢朝，漢宣帝時，龜茲王絳賓與解憂公主之女結姻；東漢初年，龜茲一度依附匈奴，佔據絲路北道，至班超時再次附漢；唐太宗時期，龜茲為安西都護府治所，確立了其在西域絲路上的中心地位；公元 9 世紀，龜茲被高昌回鶻攻佔；13 世紀初，納入元朝版圖。龜茲南與精絕國、北與烏孫接壤，扼守絲綢之路北道中段之咽喉，是古印度、希臘－羅馬、波斯、漢唐四大文明在世界上惟一的交匯之處，在世界經濟、文化歷史上佔據着重要的位置。

龜茲五銖 —— 該錢幣鑄造精良，銅質較好，外形仿漢代五銖，圓形方孔，正面鑄漢文篆書「五銖」二字，背面鑄有龜茲文符號。為龜茲國本地生產、發行和流通的貨幣，反映了當時以龜茲為代表的西域地區和中原地區之間的密切聯繫。

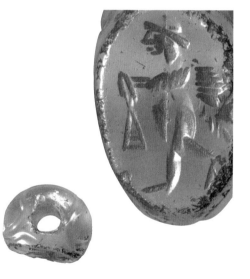

瑪瑙印 —— 屬漢－北朝時期的人像印押。印押中的男子深目高鼻，長髮，頭戴向上翻捲的寬簷圓形高帽，腰間繫裙，腳穿長靴，肩挑魚和草，作側身挑擔走路的姿勢，刻畫的應是當地龜茲人的形象。（圖片採自文物出版社 2015 年版《絲綢之路》）

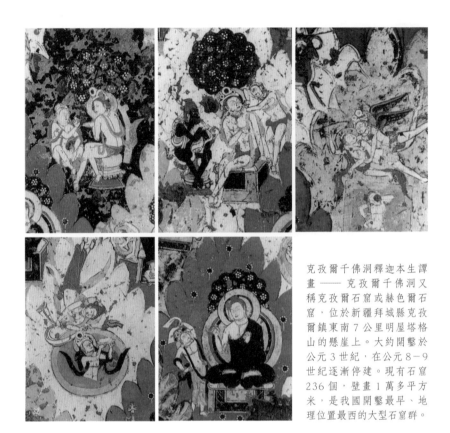

克孜爾千佛洞釋迦本生譚畫 —— 克孜爾千佛洞又稱克孜爾石窟或赫色爾石窟，位於新疆拜城縣克孜爾鎮東南7公里明屋塔格山的懸崖上。大約開鑿於公元3世紀，在公元8-9世紀逐漸停建。現有石窟236個，壁畫1萬多平方米，是我國開鑿最早、地理位置最西的大型石窟群。

　　龜茲石窟藝術歷史久遠，被現代石窟藝術家稱作「第二個敦煌莫高窟」，是聯繫中亞和東方佛教文化藝術的橋梁和紐帶。龜茲石窟融合印度、希臘、羅馬、波斯和中原文化為一體，又具有濃鬱的地方特色；東晉時期著名高僧鳩摩羅什即來自龜茲，在中國佛教史上佔有重要的地位。龜茲人擅長音樂，龜茲樂舞即發源於此；此外龜茲的冶鐵業在當時也聞名遐邇，其鐵器供給西域許多國家。現今這裏仍保存着包含古代印度犍陀羅、龜茲、吐蕃、中原漢地文明的大量文化遺存。

于闐

　　于闐（今新疆和田）地處絲路南道，是古代西域王國。公元前 2世紀，尉遲氏在此建立于闐國，逐漸強盛；到東漢時，于闐國與絲路北道的龜茲以及絲路南道的樓蘭已不相上下；唐高宗時，于闐編為唐安西四鎮之一，成為絲路南道最重要的軍政中心；後附屬吐蕃，11 世紀初被黑汗王朝攻佔，逐漸伊斯蘭化。

　　于闐因位居絲路貿易的重要據點而繁榮一時，且為西方貿易商旅的集散地，東西文化之要衝。于闐國以農業、種植業為主，最早獲得中原養蠶技術，手工紡織發達，是西域諸國中最著名的絲綢產地。于闐自 2 世紀末佛教傳入後，逐漸成為大乘佛教的中心，法顯西行求法來到于闐時，這裏已是佛事勝地；魏晉至隋唐，于闐國一直是中原佛教的源泉之一。

漢佉二體錢 —— 為古于闐國貨幣，屬於西方體系的圓形無孔的打壓錢。漢佉二體錢的形制、銘文、圖案裝飾以及製造方法表明，其是古于闐國吸收漢朝和希臘－貴霜東西方錢幣特點而製造出的新疆歷史上最早的自製貨幣，是東西方文化合璧之作，更是漢朝與古于闐國之間密切關係以及漢文化對古于闐國文化影響的有力證據。

石膏坐佛範 —— 公元 1 - 2 世紀，印度佛教藝術沿着絲綢之路古道傳入新疆地區後，逐漸形成龜茲石窟體系和于闐佛寺藝術，即西域佛教藝術。該範的坐佛垂目、神態安詳，着通肩大衣，隆起的衣紋以細密流暢的線條表示，具有典型的西域佛教雕塑風格，對中原佛教藝術亦產生了一定的影響。

于闐壁畫 —— 于闐壁畫展現了絲綢之路古國于闐佛教繪畫的豐富內涵和藝術特色，發現於達瑪溝佛教遺址。

　　于闐是藏語的譯音，意為「產玉的地方」。新疆和田有「三寶」：地毯、美玉、絲綢。其中地毯西傳而來，絲綢東傳而至，唯有玉石產於和田本地。古于闐人運用了在東西方人眼裏，兩種具有不同價值的寶物（玉石和絲綢）的交換，贏得了相對的經濟繁榮與穩定，促進了東西方文明的相互融合。

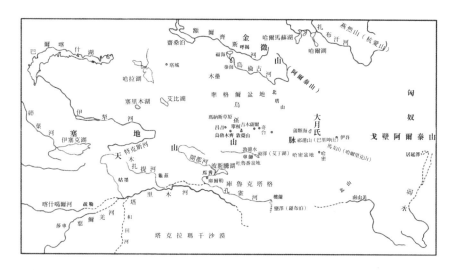

大月氏西遷前西域古民族分佈示意圖 —— 大月氏是公元前 2 世紀以前居住在中國西北部、後遷徙到中亞地區的遊牧部族。在中國先秦時代的古籍中，或譯作禹知、禺氏、牛氏等，後來也有譯作月支。

大月氏

　　月氏人建立的政權地處中西段絲路的交匯處。月氏原是棲居於河西走廊的一個少數民族部落，位於敦煌、祁連山之間。興起於戰國時期的匈奴擊敗月氏後，迫使其西遷。月氏在河西走廊的小部分殘眾與祁連山間羌族混合，號稱小月氏，而西遷之月氏被稱為大月氏。西遷的月氏先是佔領了西北方的康居（康國），公元前 1 世紀初葉，又征服阿姆河南的大夏（巴克特里亞王國），並南下恆河流域建立貴霜王朝。大月氏人的兩次遷徙對中亞地區的歷史影響空前，它造成希臘化的大夏滅亡，促使塞種入侵印度北部，並引起漢武帝派張騫出使西域，以聯合月氏夾擊匈奴，從而開闢了絲綢之路。

在西漢開通絲路後，大月氏和漢朝互有使者往來，保持友好關係。大月氏和安息、羅馬有頻繁的通商往來，和中國內地也有廣泛的文化交流，很多羅馬的物產商貨，即通過大月氏經由絲路到達長安。這種友好關係一直延續到東漢。班超經營西域時，亦曾得到大月氏的援助，收復龜茲。公元 3 世紀，貴霜王朝分裂，部分大月氏人東遷進入內地。此時期佛教由中亞傳入西域和內地，犍陀羅藝術向東方的傳播，與大月氏人的遷徙活動也有着比較密切的關係。

八曲銀洗 —— 八曲花口式杯口，圈足亦為花瓣形，器內雕摩羯相搏圖，外壁有大夏銘文。該器是大夏銀器，也是經由絲綢之路的輸入品。5－6 世紀大夏銀器在國內極少見，其風格直接影響了唐代的金銀器。（圖片採自文物出版社 2015 年版《絲綢之路》）

貴霜丘就卻銅幣 —— 為丘就卻（貴霜帝國的第一位皇帝）統治時期的錢幣，模壓打製，呈不規則圓形，正面為王像，周緣為希臘文；背面為希臘像，周緣為佉盧文。

貴霜赫拉狄斯銀幣 —— 為赫拉狄斯統治時期的錢幣，模壓打製，呈不規則圓形，正面為王像，像周緣為聯珠紋，背面為希臘神像，周緣為佉盧文，屬貴霜早期錢幣。

貴霜赫薩伽金幣 —— 為模壓打製，呈不規則圓形。此時由於貴霜王朝大部分領土已歸入薩珊王朝範圍，故鑄造的錢幣以薩珊式為主，錢面為穿戴薩珊式服飾的貴霜王，錢背絕大多數是拜火教的祭壇。

撒馬爾罕

　　傳統意義上的中段絲路截止於怛羅斯，此後，絲綢之路進入了茫茫的中亞大草原，來到了今烏茲別克斯坦首都塔什干附近的古城——撒馬爾罕。撒馬爾罕古稱「馬拉干達」，是中亞傳統的政治、經濟和文化中心。公元前 138 年，張騫出使西域時曾到過撒馬爾罕，當時這裏被稱為康居國。公元 629 年，玄奘西行亦途經此地。13 世紀以後，這裏陸續建立起花剌子模王國和帖木兒帝國。

　　撒馬爾罕與羅馬、雅典、巴比倫同齡，有 2500 多年的歷史，在古阿拉伯文獻中，被稱為「東方璀璨的明珠」。作為絲綢之路上重要的樞紐城市，撒馬爾罕連接着波斯帝國、印度和中國這三大帝國，中國漢唐的史書中，都有對被稱為「康居」和「康國」的撒馬爾罕繁榮景象的描述。

帖木兒大帝陵墓——帖木兒墓建造在一所清真寺的聖龕後面，墓門是鑿開的聖龕，墓室是十形的，外廊作八角形。正面正中作高大的凹廊，抹角斜面上作上下兩層凹廊。是此時期中亞建築的傑出代表之一。

鎏金托水晶墜飾 —— 出土於寧夏固原市，通體呈不規則形，上嵌水晶。墓主史索岩是北朝至隋唐時期固原地區一個史姓家族的重要成員。史索岩一家是粟特地區史國人後裔，後沿絲綢之路經河西走廊遷徙至固原。

鎏金銅覆面 —— 這具完整的覆面出土自葬於唐儀鳳三年（678年）的史道德墓，墓主為中亞粟特人。覆面主要部位均用銅片打壓而成，其上多穿孔，作用是與絲織物縫合。覆面額飾為半月形托一圓球或太陽，可能與粟特人瑣羅亞斯德教信仰有關。

　　西方人岡薩雷斯·德·克拉維約於公元 1403 至 1405 年在帖木兒帝國的都城撒馬爾罕主持大使館工作時曾寫道：「最好的商品特別是絲綢、緞子、麝香、紅寶石、鑽石、珍寶和大黃都是從中國運到撒馬爾罕的。據說中國人是世界上技藝最高超的工人⋯⋯ 中國主要的城市大都（北京）距撒馬爾罕有六個月的路程，其中兩個月要經過空曠的大草原。」

　　撒馬爾罕古城內文物古跡眾多，如建於 15 世紀的帖木兒家族陵墓，15－17 世紀的「列吉斯坦」伊斯蘭教神學院，15 世紀的比比－哈內姆大清真寺、兀魯伯天文台等。公元 751 年，唐朝和阿拉伯發生怛羅斯之戰，阿拉伯人在戰俘中發現從軍的唐朝造紙工匠，於是在撒馬爾罕建立了造紙廠，阿拉伯世界的造紙中心就此誕生。

兀魯伯天文台 —— 中亞伊斯蘭古跡，位於撒馬爾罕城東北郊，為帖木兒之孫兀魯
伯於 1429 年建造，是中世紀伊斯蘭世界最好的天文台，也是中亞最大的天文台，
顯示了撒馬爾罕的文明成就。今天，兀魯伯天文台只留下一座巨大的六分儀，安裝
在離地面 11 米深、2 米寬的斜坑道裏，坑道上面是兀魯伯天文台博物館。

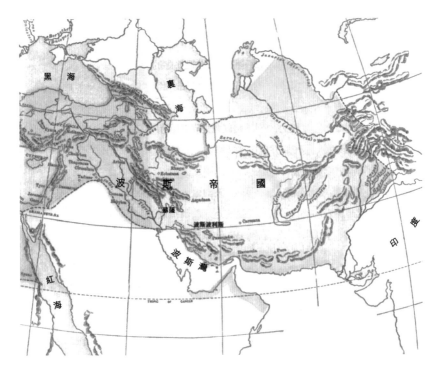

波斯帝國 —— 波斯帝國是位於西亞伊朗高原地區以古波斯人為中心形成的君主制帝國。始於公元前 550 年，終於 1935 年。這一時期，歐洲人一直稱這一地區為「波斯」。

波斯

　　自撒馬爾罕繼續西行，絲綢之路將途經西亞的木鹿城（今土庫曼斯坦的巴伊拉姆阿里城附近）、馬什哈德（今伊朗第二大城市）、番兜（今伊朗達姆甘）、德黑蘭（今伊朗首都）、阿蠻（今伊朗哈馬丹）等地，這一區域在整個古絲綢之路歷史上基本都處於波斯帝國的控制之下。波斯憑藉其獨特的地理區位，成為歐亞的陸橋，東西方的走廊，加之伊朗人自古以來的經商傳統，使得這一路線在絲綢之路上處於重要位置，是絲綢之路的商貿中心。

狩獵紋鎏金銀盤——出土於山西大同，狩獵圖中央為一位波斯貴族，身處長滿蘆葦的沼澤，隻身與三頭野豬搏鬥。狩獵圖屬於薩珊王朝常見的圖案，該鎏金銀盤應當是一件來自薩珊波斯的舶來品。

玻璃碗——呈淡綠色，半透明，底部由六個相切的凹圓紋組成。該玻璃碗出土於山西省大同市南郊北魏墓群，是由波斯薩珊王朝輸入的玻璃器。

聯珠對羊鳥紋錦——出土於青海省海西州都蘭縣，為錦幡殘片，呈矩形，主題紋飾為對鳥和頸部帶綬帶的對羊，類似公元 6－7 世紀中亞、西亞常見的裝飾，是研究唐代絲織品工藝以及中西文化交流的珍貴資料，亦證明絲綢之路青海道在當時的繁榮昌盛。

人物葡萄藤紋鎏金銅高足杯——該高足杯屬於波斯薩珊王朝的酒杯，敞口，深腹，腰部內收，高足。杯外飾捲枝葡萄，枝繁果密，藤上小鳥啾啾，藤間有童子嬉鬧。童子收獲葡萄的題材是希臘化藝術開始時使用的，這類題材和巴克特利亞的酒神風俗有關。山西大同出土的以該高足杯為代表的波斯薩珊銀器很可能是絲綢之路貿易的證據。

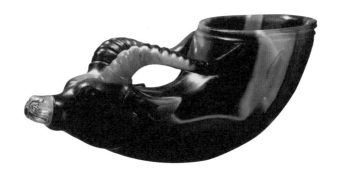

鑲金獸首瑪瑙杯 —— 我國製作和使用角杯的歷史悠久,然此底部設流及獸首裝飾的角杯卻非我國傳統,而是起源於西方的來通(即古希臘犀牛角形杯),由古希臘、波斯、中亞地區漸次傳來我國的製品,因此,這尊瑪瑙杯對研究中國古代尤其是唐代中外文化交流具有重要的參考價值。

八瓣團花描金藍琉璃盤 —— 該琉璃盤出土於陝西省扶風縣法門寺塔基地宮,吹塑成型,紋飾鐫刻,通體呈深藍色,透明度好。這種刻花玻璃器在國內罕見,是伊斯蘭早期作品,屬於伊斯蘭玻璃製作的冷加工技術,產地在伊朗的內沙布爾或地中海沿岸。

　　波斯是伊朗在歐洲的古希臘語和拉丁語的舊稱譯音(中國史籍中也稱其為「安息」)。公元前 6 世紀中期,波斯帝國崛起,其地域橫跨亞歐非三大洲的結合部及其周圍地區。為了加強統治,密切波斯宮廷與各郡的聯繫,在阿赫門王朝統治時期,大規模地修建御道。這些御道在方便波斯帝國貨物、人員和信息交流的同時,客觀上也促進了「西段」地區交通網絡的形成和暢通。

波斯帝王薛西斯碑文

大流士一世接受朝貢

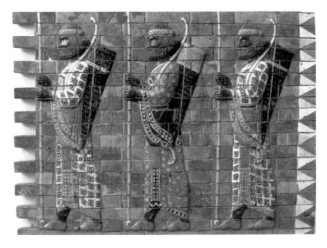

波斯武士

　　古代伊朗與中國的關係源遠流長，從中國秦朝時期就有了往來。隨着雙方友好往來，文化得到了相互傳播。波斯文化中的石雕藝術、魔術、樂器、雜技、紋飾尤其是龍紋極大地豐富了中國漢代的文化。中國的絲綢、瓷器以及煉鐵、打井、繅絲、製漆等工藝也不斷傳入伊朗以及西亞諸國；伊朗以及西亞地區的物產如葡萄、蠶豆、石榴、胡桃等也源源傳入中國。「絲綢之路」在兩國之間的全面暢通，為兩國的經濟及文化交流開闢了新的紀元。

阿拔斯

　　在經過了中亞大草原以後，絲綢之路將進入一片肥沃的土地 —— 兩河流域。兩河流域有一個盛極一時的王朝 —— 阿拔斯王朝（中國史籍稱之為黑衣大食，是阿拉伯帝國的第二個世襲王朝）。在該王朝統治時期，中世紀的伊斯蘭教世界達到了極盛。阿拔斯於 750 年取代倭馬亞王朝，定都巴格達，直至 1258 年被蒙古旭烈兀西征所滅。

旭烈兀圍攻巴格達 —— 圖片描繪了 1258 年成吉思汗的子孫圍攻巴格達的情形。

征服阿拔斯王朝的旭烈兀和妻子脫古思可敦 —— 孛兒只斤·旭烈兀（1217－1265年），蒙古族，成吉思汗之孫，拖雷之子，忽必烈、蒙哥和阿里不哥的兄弟，是伊利汗國的建立者，西南亞的征服者。脫古思可敦是蒙古克烈族公主，生於 13 世紀，本嫁予拖雷，後因拖雷在成婚前死去，就按照蒙古習俗嫁旭烈兀為妻。

征服者旭烈兀把哈里發穆斯塔西姆臨時囚禁在珍寶收藏室

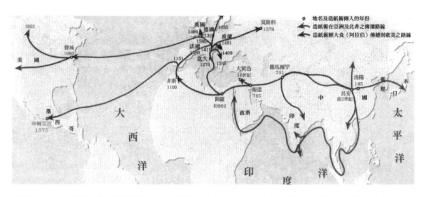

中國造紙術經阿拉伯傳播路線 ——東漢在中國，然後到達西域，接着通過絲綢之路由阿拉伯商人帶到中亞，再經過地中海傳播到歐洲。

　　阿拔斯王朝所處時期正值中國的唐、宋時代。751 年，阿拔斯王朝軍隊在中亞怛羅斯戰役中擊敗唐朝，阿拉伯帝國在這場戰役中獲得了造紙術，造紙術後來從阿拉伯傳往歐洲。繼造紙術之後，中國的火藥、指南針等發明創造也通過絲綢之路傳進阿拉伯帝國，後來通過帝國的西班牙、西西里和法國部分地區傳遍歐洲，對西方文明產生了很大的影響。

青釉褐綠彩瓷碗 —— 這些「黑石號」沉船器物上既有阿拉伯文圖案和阿拉伯地區常見的椰棗紋、水草雲紋等圖案，又有中國傳統的蓮紋、柿蒂紋元素，是當時唐朝和阿拉伯帝國阿拔斯王朝兩大帝國之間的文化交流與融合的見證。

青釉褐綠點彩紋瓷壺 —— 點彩是西亞民族常用的裝飾紋飾，由圓點（珠）組成如菱形紋、圓圈紋、弧線紋、排點紋，是伊斯蘭陶器裝飾藝術的顯著風格。點彩紋裝飾在長沙窯瓷器上習見，反映了西亞伊斯蘭文化對長沙窯的影響。

　　伴隨科學與文化交流的發展，不僅伊斯蘭教傳入了中國，而且阿拉伯帝國先進的數學、天文曆法與航海、地理知識也開始被中國人了解。眾多的文化交流中，尤以瓷器、音樂等方面的相互影響較為明顯，有學者認為：「正是因為絲綢之路與陶瓷貿易把兩地緊密地聯結在了一起。」

阿勒頗

　　由巴格達一直往西，古代絲綢之路即將抵達它的終點。就在美索不達米亞與地中海的結合部，一個特殊的亞洲文明古國出現在人們的視野裏。這便是敍利亞。在敍利亞的許多城市，人們既能輕易地發現古羅馬時代的建築，又能時刻感受到伊斯蘭文化的浸染。而作為敍利亞的第二大城市，位於該國北部的阿勒頗就是這樣一座古城。這座臨近幼發拉底河的城市，早在公元前 2000 年已成為中東地區商貿和文化中心，也是世界著名的六城之一。由於其獨特的地理位置，阿勒頗是古代兩河流域通向地中海的交通要塞，絲綢之路全面興盛後又成為東西方商貿的交匯處。

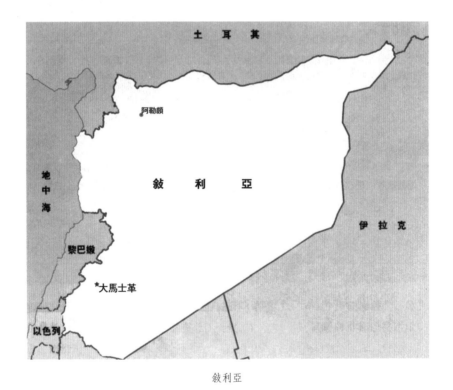

敍利亞

陶翼馬 —— 中國古代神話裏並沒有帶翼飛行的人或神，這與中國古代的傳統和想象力有關。借助於翅膀就能飛行的想象，最先是在地中海沿岸出現的，大約在公元前 12 至公元前 10 世紀。陶翼馬當是中西交通的產物，反映了漢文化對西方文化因素的吸收與借鑒。

阿勒頗大清真寺光塔 —— 阿勒頗大清真寺是　利亞第二大城市阿勒頗主要的清真寺，始建於 8 世紀。

　　阿勒頗多石灰岩建築，有白色阿勒頗之稱，城中有許多名勝古跡和清真寺，保留有 12 世紀建立的宗教學院、城牆和古代軍事城堡。與敍利亞首都大馬士革一樣，阿勒頗舊城也堪稱世界上建城歷史最長的城市之一。1986 年世界遺產委員會對這座古城的評價是：阿勒頗從公元前 2 世紀起就處於幾條商運的交匯處，相繼由希泰人、亞述人、阿拉伯人、蒙古人和土耳其人統治。

阿勒頗附近世界上最古老的基督教教堂之一 —— 聖西蒙教堂，建於 1859 年，是王子島上建造的首個磚製教堂。

公元 1259 年，蒙古旭烈兀佔領阿拔斯王朝首都巴格達，隨後攻克阿勒頗城。旭烈兀建立的伊兒汗國同元朝本部的聯繫，遠比蒙古其他三大汗國密切，絲綢之路暢通，中國的四大發明加快了西傳的速度，而回回炮、阿拉伯數字、阿拉伯曆法、行省制度等也傳入中國。

大馬士革城門 —— 耶路撒冷老城的入口，也是老城八個城門中最宏偉的石門。建於東羅馬帝國時代，當時是入城的主要通道。

大馬士革

在阿勒頗的西南方不遠處，又一座古城出現在我們的視野中，它就是今天敍利亞共和國最大的城市和首都 —— 大馬士革。

大馬士革約建於公元前 2000 年，是世界上有人居住的最古老城市之一，歷史上是伊斯蘭第四聖城，阿拉伯帝國倭馬亞王朝的首都，號稱「園林之城」、「詩歌之城」、「清真寺之城」。

倭馬亞大清真寺 —— 位於大馬士革的老城區，是伊斯蘭教的第四大聖寺，大馬士革的標誌性建築之一。最早是羅馬帝國時期的一個神殿，後來經過倭馬亞王朝時期的改造，清真寺長方形的佈局和兩座尖塔被保留了下來，現在的第三座高塔是倭馬亞王朝的瓦利德一世新建的。

　　歷史上，大馬士革幾經興衰，經受過阿拔斯王朝的嚴重摧毀，經歷過土耳其奧斯曼帝國 400 年之久的統治，遭受過法國 30 多年的殖民，這些都沒能掩蓋其曾經的輝煌。

大馬士革悠久的歷史也使它留下了眾多的古跡。在古城哈馬迪亞市場旁有座四合院木石房屋，是「絲綢驛站」的舊址。分上下兩層，院子中央有個餵牲口的水池，旁邊是絲綢交易現場，樓下是拴駱駝、騾馬的畜廐，樓頂是絲綢商人住宿的旅店。在敘利亞國家博物館內，展出中國的絲綢、古瓷很多，其中有尊 9 世紀造的唐三彩陶俑，被當為「國寶」製成明信片，作為館內特銷商品出售。敘利亞商人因跑「絲綢之路」致富者不在少數，公元 418－422 年擔任羅馬皇帝的敘利亞人荷諾利亞斯，就是第一個全身穿上中國絲綢的西方人，當時絲綢比金子貴得多，亦足見絲綢之路在中西方文化交往中的重要影響。

三彩釉陶鳳首壺 —— 唐代製造，在東南亞、阿拉伯半島、埃及、日本等國家和地區均有出土，由此可知唐代中外貿易通商、相互往來之盛況是空前的，同時也說明此類器物在當時以其優美的造型和絢麗多彩的色澤贏得了世界各地人們的喜愛。

三彩釉陶載樂駱駝 —— 該駱駝陶俑昂首挺立，馱載了 5 個漢、胡成年男子，巧妙地誇張了人與駝的比例，造型優美生動，釉色鮮明潤澤，代表了唐三彩的最高水平。據考證，其表現的是長安百戲中的一個雜技節目。

君士坦丁堡

　　君士坦丁堡，亦即今天的伊斯坦布爾，傳統意義上的古絲綢之路終點城市。它位於巴爾幹半島東端，臨博斯普魯斯海峽，扼黑海門戶，當歐、亞交通要衝，戰略地位十分重要。它曾經是羅馬帝國、拜占庭帝國、拉丁帝國和奧斯曼帝國的首都。公元前 30 年前後，世界格局正在發生劇烈變化，西方的羅馬人征服了埃及，建立歐亞非大帝國；東方的張騫出使西域各國並開闢了絲綢之路，成就了中國向西拓展的大好時機。此時期，因絲路的串聯作用，世界範圍內的交流與貿易，在東南亞、中國、中東、西亞、歐洲和非洲之間迅速展開，君士坦丁堡則成為歐亞絲路上名副其實的「橋頭堡」。

寧夏固原 1996 年田弘墓出土拜占庭金幣 —— 羅馬帝國在與東方的貿易中支付了大量的黃金，因為與東方國家貿易中交換貨物遠不如黃金貴重，羅馬人為購進絲綢不得不付出東西方都能接受的黃金硬通貨。這些原產於地中海東岸的拜占庭金幣在萬里之遙的中國內地安身，不能不使人感到東西方交流的力量。

東羅馬酒神紋鎏金銀盤 ——
此器物以鑄造、鑲嵌等工藝結
合而成，圓形、捲唇邊、斜壺
壁、圈足。出土於絲綢之路甘
肅地段的黃河渡口一帶，是絲
綢之路沿線出土的東西方文化
交流的重要實物資料。

東羅馬金幣 —— 出土於青海海西州烏蘭縣，屬東羅馬查士丁尼一世時期的金幣「索里
德」，正面是皇帝的半身像，背面是勝利女神像。這枚金幣的發現印證了中國與東羅馬帝
國之間的經濟往來，是絲綢之路青海道溝通中原與西方主要通道的重要物證。（圖片採自
文物出版社 2015 年版《絲綢之路》）

公元 1000 年左右聖索菲亞大教堂　　　14 世紀《中世紀健康手冊》中的絲質衣物
君士坦丁大帝圖像

　　隨着羅馬人的加入，絲綢之路這條貿易通道變得更加規則、有
序，無數新奇的商品、技術和思想源源不斷地傳播到絲路沿線各個國
家。羅馬人一度狂熱地迷戀中國絲綢，羅馬詩人稱讚它比鮮花還美；
愷撒大帝穿上中國絲袍去看戲，被認為是空前的豪華，引起全場轟
動；羅馬的貴族婦女都以能穿上中國絲織的透明衣裙為榮；中國絲綢
成為羅馬帝國最大的奢侈品之一，導致古羅馬市場上絲綢的價格猛
增，據說曾達到每磅約 12 兩黃金的天價，反映出當時中西絲路貿易
的繁盛。

陸上絲路 絲路拓展

匈奴

絲綢之路的開闢，雖歸功於漢，卻又因匈奴而起。匈奴族肇興於公元前 3 世紀，在部落首領冒頓單于時，建立匈奴帝國。強大的匈奴帝國一度控制西域大部分地區，漢朝同西方的交往也因其受阻。公元 48 年，匈奴分裂為南北二部，南匈奴歸附漢朝。公元 91 年，漢朝大將耿夔大破北匈奴於金微山（今阿爾泰山），迫使北匈奴單于率眾西遷至烏孫，後又遷到康居、阿蘭聊。北匈奴入阿蘭聊以後，揭開了入侵歐洲的序幕，並開始扮演推動歐洲民族大遷徙的主要角色。

歷史上，匈奴人不僅只是起到絲路「終結者」的作用，在與漢朝的爭奪中，或者當其遭遇內困和外來勢力打擊逐漸衰退時，則要進行西遷，以尋找適合自己生存的空間，這恰恰為草原絲綢之路的開闢奠定了堅實的基礎。

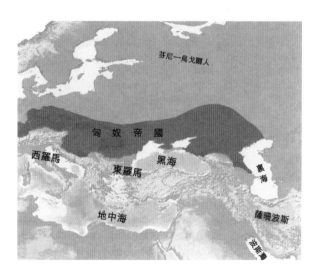

匈奴帝國 —— 匈奴人本是在蒙古高原一帶活動的一個北方遊牧民族，後逐漸西遷。其強盛時期建立的帝國曾經是亞洲大陸上最強大、幅員最遼闊的大帝國。

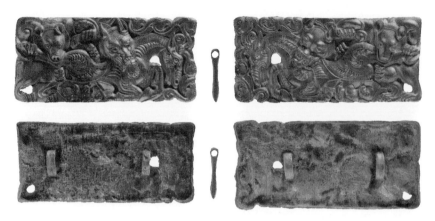

金腰飾牌與穿針 —— 出土於江蘇省徐州獅子山楚王陵，腰飾牌上裝飾的動物紋樣具有濃鬱的草原文化特色，表明它們是漢朝工匠吸收借鑒草原文化因素的創新作品，體現了人類文化交流的雙向性。

神獸金飾 —— 出土於陝西省神木縣納林高兔村，屬戰國晚期中國北方地區常見的裝飾紋樣，墓主應是北方草原部族的首領。

　　草原絲綢之路在中亞河中地區與傳統絲路的西段對接，大致形成四條線路：①阿爾泰山道，從鄂爾渾河、色楞格河上游穿過阿爾泰山，然後，沿烏倫古河至河中地區。②天山道，從內蒙古陰山地區沿河套西行，經天山而達河中。③漠北道，從貝加爾湖以南向西沿葉尼塞河，然後，繞阿爾泰山以北到達河中。④居延道，從居延北行至鄂爾渾河、土拉河、色楞格河上游各民族地區。

匈奴首領阿提拉 —— 阿提拉（406－453 年），匈奴帝國首領，在他的帶領下，帝國版圖達到了極盛。他使羅馬人蒙羞，使日耳曼人喪膽，具有令西方人沮喪而無奈的強大力量，以至於他和他的匈奴鐵騎被稱為「上帝之鞭」。阿提拉死後，匈奴帝國迅速瓦解。

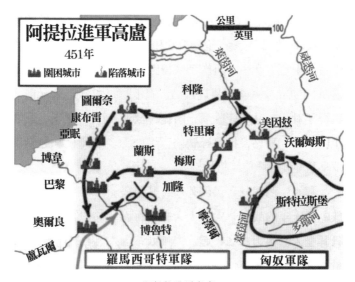

阿提拉進軍高盧

「天蒼蒼，野茫茫，風吹草低見牛羊」，草原絲路的開通使絲綢之路因此而更加多彩！

蒙古

　　蒙古人建立蒙元大帝國以後，其統治者繼續推行唐宋時期的開放政策，鼓勵對外交往，這使得絲綢之路在因王朝更替的戰亂阻斷之後再一次煥發生機，重現興旺景象，也為東西方政治、經濟、文化交往提供了新的契機。

　　同時，蒙元時期又是草原絲綢之路最為鼎盛的階段。蒙元帝國橫跨歐亞，為了加強交往、維護統治，在帝國境內修建了四通八達的交通網絡。元朝建立後，設置了以上都、大都為中心的三條主要驛路 —— 帖里干、木憐、納憐，形成了從漠北至西伯利亞、西經中亞達歐洲、東抵東北、南通中原的發達交通網絡。

蒙古帝國 —— 蒙古帝國的疆域最大時東起朝鮮半島，北抵北冰洋，西達黑海沿岸（鼎盛時達匈牙利），南至太平洋和波斯灣，包括幾乎整個亞洲和大部分歐洲，是世界歷史上版圖第一的國家，控制領土超過 3500 萬平方公里。

《馬可‧波羅遊紀》插圖

　　這一時期，通過草原絲綢之路往來中國的阿拉伯、波斯、中亞商人、商隊絡繹不絕。如發郎國的使者最早在中統年間就在開平覲見過忽必烈。至元年間，元惠宗派遣發郎國人安德烈及其他 15 人出使歐洲，致書羅馬教皇。其中影響最大的就是意大利商人馬可‧波羅隨父來到元上都，受到忽必烈的接見，回國後寫下了著名的《馬可‧波羅遊記》，成為西方人了解元代宮廷生活、禮儀以及蒙古族生活習俗的代表作品。

　　近幾年，在草原絲綢之路的城市遺址中，陸續出土了大量實物，反映出當時商品交換及東西方文化交流的繁盛。如「中統元寶交鈔」、「至元通行寶鈔」是世界上現存的最早的鈔票實物；窖藏瓷器匯聚了中原地區七大名窯的精品，同時還出土銅錢四萬餘枚；古敘利亞文字的景教墓頂石是中國、西亞文化往來的最好物證。總之，草原絲綢之路的興盛，推動了草原文明的崛起，也進而推動了世界文明的發展。

海上絲路

概　說

　　前文帶着我們在陸路的時空通道上重拾過往，現在，我們將從「大漠孤煙駝鈴響」的回憶中進入另一番景象——「漲海聲中萬國商」。

　　2000 多年前，一條以中國東南沿海為起始的海上絲綢之路打開了中國與世界交往的貿易通道。在這條通道上，我們既見證了繁盛的商貿往來，從另一個意義上講，這也是人類文明傳播和交融的又一個大舞臺。

　　一般來說，海上絲綢之路的出現要先於陸上絲綢之路。古代海上絲綢之路籌備於先秦時期，形成於秦漢時期，徘徊於三國、兩晉、南北朝時期，興於隋唐時期，盛於宋元時期，明朝初年達到頂峰，明中葉至清代因海禁而衰落。海上絲綢之路的基本路線是從中國東南沿海，經過中南半島和南海諸國，穿過印度洋，進入紅海，最後抵達東非和歐洲。海上絲綢之路的路線主要有兩條，其中佔主要地位的是向西航行的南海航線，佔次要地位的是向東到達朝鮮半島和日本列島的東海航線。

　　海上絲綢之路是中國與外國貿易往來和文化交流的海上大通道，並推動了沿線各國的共同發展。中國輸往世界各地的主要貨物，從絲綢到瓷器與茶葉，形成一股持續吹向全球的東方文明之風。中國養蠶

織綢的技術最先東傳至朝鮮、日本，5世紀又西傳到中亞、歐洲。中國瓷器和製瓷技術的傳播，其影響不亞於絲綢。美國學者卜德說「全世界公認，只有瓷器最能表達中國人民的智慧和絕技」，因而也有人稱當時的海上絲綢之路為「絲瓷之路」。中國的火藥、指南針、印刷術等科學技術也經由海上絲綢之路外傳到世界各地。同時，海上絲綢之路也把世界各地的文明傳入中國，促進了中國社會經濟文化的發展。如香料、珍珠、寶石、玻璃、象牙等各種特產；獅、虎、豹、大象等各種動物；棉花、蕃薯、玉米、花生、煙草、西紅柿等各種農作物；以及世界各地的宗教、哲學、醫學、天文學、化學、數學、法學、美學藝術等等也都通過這條海上大動脈傳入中國，這些對中國科學技術與文化藝術的發展，也產生了巨大的影響。

「友善、包容、互惠、共生、堅韌」的海上絲綢之路的文化內涵，對於建設 21 世紀海上絲綢之路，也具有深刻的啟迪作用和重要的當代意義。

海上絲路路線圖

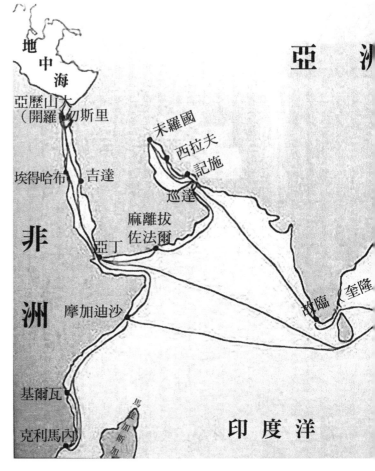

地中海
亞歷山大
（開羅）勿斯里
未羅國
西拉夫
記施
巡達
埃得哈布　吉達
麻離拔
佐法爾
亞丁
非
奎隆
洲
摩加迪沙
故臨
基爾瓦
馬達加斯加
克利馬內
印　度　洋
亞　洲

古代海上絲綢之路路線圖

歷代海上絲路，可分為三大航線：

①東洋航線：由中國沿海港至朝鮮、日本。

②南洋航線：由中國沿海港至東南亞諸國。

③西洋航線：由中國沿海港至南亞、阿拉伯和東非沿海諸國。

海上絲路的重要起點有泉州、番禺（今廣州）、明州（今寧波）、揚州、登州（今蓬萊）、劉家港等。同一朝代的海上絲路起點可能有兩處乃至更多。規模最大的港口是廣州和泉州。廣州從秦漢直到唐宋一直是中國最大的商港。明清實行海禁，廣州又成為中國唯一對外開放的港口。泉州港發端於唐，宋元時成為東方第一大港。

東海絲路最晚始自周武王滅紂，建立周王朝，他封箕子到朝鮮，從山東半島的渤海灣海港出發，到達朝鮮，教其民田蠶織作。中國的養蠶、繅絲、織綢技術由此通過黃海最早傳到了朝鮮。

南海絲路是唐宋以後中外交流的主要通道，以南海為中心，起點主要是廣州、泉州、寧波。因漢代「海上絲綢之路」始發港——徐聞古港，而稱南海絲綢之路。形成於秦漢時期，發展於三國隋朝時期，繁榮於唐宋時期，轉變於明清時期，是已知的最為古老的海上航線。

海上絲路——先秦至漢代

我國最早的航海活動可追溯到舊石器時代晚期，原始祖先使用一些植物的藤蔓固定一些樹幹和竹子，進行了一些短途的海上漂浮。到了新石器時代，出現了最早的船舶，即獨木舟。

到了夏、商、周時期，出現了木板船和風帆。到了春秋戰國時期，進入鐵器時代，造船和航海技術更加成熟，航海業基本形成。先秦南和越國時期嶺南地區海上交往為海上絲綢之路的形成奠定了基礎。先秦時期的嶺南先民已經穿梭於南中國海乃至南太平洋沿岸及其島嶼，其文化間接影響到印度洋沿岸及其島嶼。主要的貿易港口有番禺（今廣州）和徐聞。

有段石錛——我國東部沿海廣大區域內最具特色的生產工具之一，包括河姆渡遺址在內的浙江、福建、廣東、山東等地多處遺址中都曾大量出土，可運用於舟楫的製造和生產。此外在臺灣、海南島、菲律賓、北婆羅洲及太平洋的波利尼西亞眾多島嶼，如夏威夷、馬克薩斯等地都有發現。這也成為探討早期人類跨越大洋進行遷移的最重要實物證據之一。

秦漢時期，社會生產力有了很大的進步，其中造船技術和航海技術得到了飛躍式的發展。也就是在這個時期，中國沿海的航海路線全都暢通無阻，甚至出現了抵達日本的遠航艦隊以及駛過馬六甲海峽抵達印度半島南端的遠洋艦隊。

秦漢時期航海圖 —— 秦漢之際，中央政府越來越重視海洋疆土的管理。漢武帝通使「鑿空」西域，又發船於南海，初步形成通過陸上及海上絲綢之路與國際交流的宏偉構架。

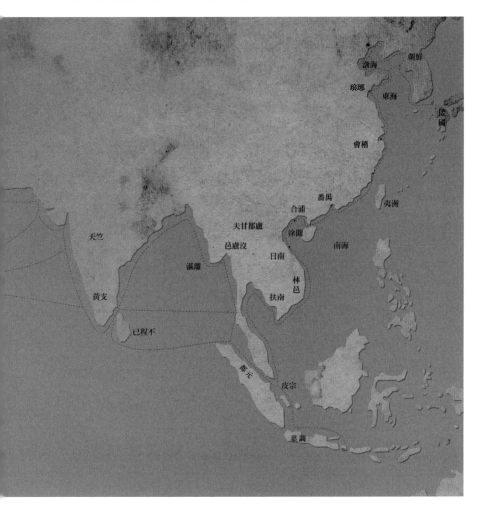

據《史記》記載，秦始皇為求長生不老仙藥，曾遣徐福率童男女和「百工」數千，東渡求仙藥至亶洲（一般認為即今日本）。今天，日本的和歌山縣和佐賀縣，仍保留着紀念「徐福登陸地」的標柱和祭祀徐福的墓地，他被日本人視為蠶桑之神來祭祀。可見，徐福不僅是絲綢的傳佈者，也是東海「絲綢之路」的開拓者。

琅邪臺徐福 —— 琅邪臺位於山東省青島市黃島區琅邪鎮，與青島隔海相望。春秋戰國時期，琅邪作為中國五大古港口之一，其航運、港口、造船業就已經具備了相當規模。秦代時是全國最大的港口城市。徐福東渡日本就是從這裏起航。

漢武帝（前 140－前 87 年）時，我國海船就攜帶大批絲綢、黃金，從雷州半島起航，途經今越南、泰國、馬來西亞、緬甸等國，遠航到印度的黃支國（今印度康契普拉姆）去換取這些國家的珍珠、寶石等特產。然後從已程不國（今斯里蘭卡）返航。這是中國絲綢作為商品傳入東南亞各國的最早記錄。

廣州南越王墓出土銀盒 —— 該銀盒係 1983 年在廣州西漢南越王墓主人棺槨的「足箱」內發現的，因新穎、獨特的蒜頭凸紋而為人注目，與同時期西亞波斯一帶的器皿風格極為相似，所以專家稱之是嶺南最早的「舶來品」。

廣州南越王墓出土銅熏爐 —— 南越王墓出土 11 件銅熏爐，分單體和四連體兩種，其中四連體銅熏爐有 5 件。這件四連體銅熏爐，是由 4 個互不相連的小方爐合鑄而成，平面呈「田」字形，有方形的座足，蓋有菱形的鏤孔，鏤刻着星條紋和三角紋。四個小盒互不通連，就可以用不同的香料同時焚燒產生複合香味；菱形的鏤孔則是為了便於香味的發散。

這一時期，遠在西方的大秦（羅馬帝國）已第一次由海路到達廣州進行貿易；中國帶有官方性質的商人也到達了羅馬。這標誌着橫貫亞、非、歐三大洲的，真正意義的海上絲綢之路的形成。隨着漢代種桑養蠶和紡織業的發展，絲織品成為這一時期的主要輸出品。

東漢末年，中原戰亂紛爭，陸上絲綢之路受阻。相較西北地區，嶺南相對穩定，廣州地區的生產和商業都比較繁榮，加之中原人口的大量南遷，促進了南方經濟、技術、交通和文化等多方面的融合與發展，海上絲綢之路在這一時期得到進一步發展。

弦紋玻璃杯 —— 廣西出土的漢代玻璃器包括各式裝飾品和實用器具。化驗結果表明，這些玻璃器均屬於鉛鋇玻璃和鉀玻璃，而有別於西方的鈉鈣玻璃，但其生產技術應該是通過海上交通從西方傳入的。

動物形瑪瑙飾品 —— 瑪瑙的產地遠在西域，廣西合浦縣出土的這組西漢時期瑪瑙飾品，說明了當時海外貿易相當繁盛。這件飾品由6枚虎，5枚鵝組成，形態各異，構思精巧。

「廣陵王璽」金印 —— 此龜鈕金印為正方形，邊長 2.3 厘米，厚 0.9 厘米，通高 2.1 厘米，重 123 克。藏於南京博物院。印面刻有陰文「廣陵王璽」四字，為東漢初廣陵王劉荊的印璽。此印同日本福岡出土的「漢委奴國王金印」在尺寸、重量、紋飾、雕法、字體上如出一轍。

「朱廬執刲」銀印 —— 此獸頭魚身銀印為正方形，陰文篆刻「朱廬執刲」四字，是西漢朱廬縣執刑律的官員的印章。這枚官印充分說明了中央政府對海南的管控。現藏於海南省博物館。

海上絲路——魏晉南北朝

　　三國時期，由於海外貿易的大力發展，促使造船技術進一步精進。尤其是吳國，因地處長江中、下游南岸以南的東南沿海地區，利用連接外海的優越地理條件，發展了海外貿易並進行了友好的海外國事活動，我國和東南亞及西方的海上交往日益頻繁，既有友好互訪，也有物資交流。公元5世紀，吳國曾派四名絲織和裁縫女工到日本傳授技術，日本開始有吳服（即和服）。

採桑磚畫
（三國·魏）

魏晉畫像磚
上的採桑女

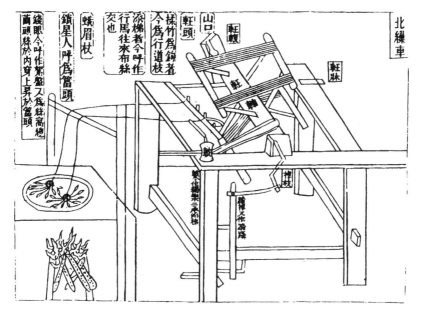

繅車圖

紡織圖

公元 411 年，東晉僧人法顯曾由錫蘭（今斯里蘭卡）乘海船，經耶婆提（今爪哇）回國，並將這段經歷記載在了《佛國記》（又名《法顯傳》）裏，該書是研究南海「絲綢之路」的第一手資料。

魏晉南北朝時期，政府採取了積極的海外關係政策，海上絲綢之路進一步發展，對外貿易涉及 15 個國家和地區，包括東南亞諸國，甚至印度和歐洲的大秦（羅馬帝國）等國家。經營方式一是中國政府派使團出訪，一是外國政府遣使來中國朝貢，絲綢是主要的輸出品，極大促進了這一時期中外經濟文化的交流和發展。

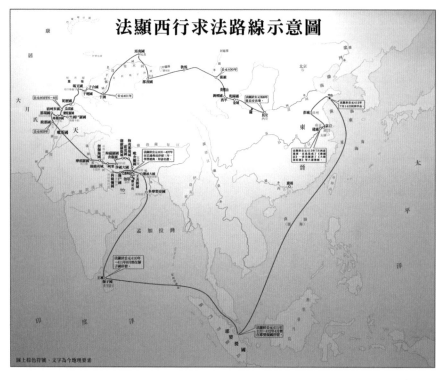

法顯西行求法路線 —— 法顯是有記載的中國歷史上第一位到達印度本土的人，此圖顯示了從長安經西域至印度的陸路行程和從印度泛海至中國的海路航線。法顯等人的旅行經歷對於後來去印度求法的人起了很大的指導作用。

海上絲路——隋唐五代

隋朝統一後，加強了對南海的經營和管理，南海、交趾為隋朝著名商業都會和外貿中心。公元607年，隋煬帝派常駿出使赤土國（在今馬來半島），攜帶賞賜給國王的絲綢5000疋，受到國王的隆重禮待。這可以說是中國的首次「絲綢外交」。公元607年，日本遣小野妹子訪隋都洛陽，目睹對外貿易盛況，回國時隋煬帝派裴世清等同他一起回訪。其來回航線都經過了朝鮮半島和對馬、壹岐等島嶼，可見早期的東海「絲綢之路」是沿着朝鮮半島航行的，這條航路已經把中、朝、日三個鄰邦連接在了一起。

唐取代隋後，延續了隋朝前期發展的興旺之勢，國事昌盛，生產發展，海外貿易空前發達。唐朝初期，東海航路仍以北線為主，至公元702年日本第七次遣唐使時，才開闢了南線航路。這條航路把中國同東南亞、南亞和西亞這三個地區連接在一起。

西亞綠釉陶壺 —— 此壺為唐代伊斯蘭教地區傳入品。壺唇口，高頸，豐肩，鼓腹，腹下漸收，餅形足，底心內凹，通體飾以相間的弦紋和水波紋。

泉州府圖說 —— 原收藏於美國國會圖書館，完成於明萬曆三十年（1602 年），距今 400 餘年，包括泉州府縣、巡檢司、衛所的 29 張圖和 26 份圖說，再現了 400 年前的泉州海防軍事部署。

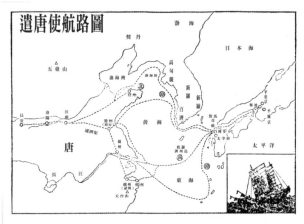

遣唐使航路圖 —— 從公元 630 年至公元 894 年的 264 年時間裏，日本先後向唐朝派出十八次遣唐使團，除個別未成行外，均順利到達長安和內地。遣唐使對推動日本社會的發展和促進中日友好交流做出了巨大貢獻。

　　唐朝特別設置了市舶司專門負責管理海外貿易的相關事宜，如徵收航海相關的稅款，設立倉庫，保護外商的正當權益，制裁違法官員等等。在這種政府保護的刺激之下，東海、南海和印度洋上，商船來往，絡繹不絕，廣州、泉州、寧波、揚州更是成為當時的國際四大貿易港。相比之前中原王朝海上絲綢之路航線的規模，唐代的海上絲綢之路航線更加繁盛興旺，海上交通北通高麗、日本，南通東南亞、印度、波斯諸國。

特別是出發於廣州往西南航行的海上絲綢之路，經歷 90 多個國家和地區，是 8－9 世紀世界最長的遠洋航線，在當時被稱為「廣州通海夷道」，亦足見當時海上貿易的繁榮。隨着海上交通的不斷發展以及海外貿易的擴展，廣州商舶逐漸增多，我國出口的絲綢、陶瓷、漆器等商品和進口的海外奇珍異寶及香料都會在廣州進行集散，廣州成為國際性的珠寶市場，寶貨雲集，市場興旺。

海上絲綢之路的繁榮，對唐代社會的變革以及中外文化交流的發展起到了相當重要的作用。

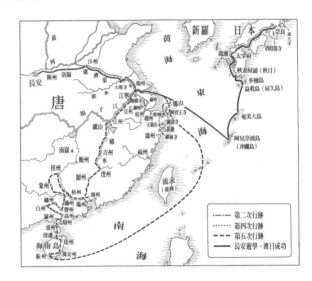

鑒真東渡圖

鑒真第六次
東渡日本成
功受到歡迎

海上絲路——宋元

宋代開國之初，因休養生息的需要，借助江南地理位置的優勢，繼續發展海外貿易。南宋進士周去非在其《嶺外代答》一書中比較詳細地記載了宋代海上絲綢之路西段南海西南、印度洋航線及諸國，可視為南宋時期海上絲綢之路的航線及沿線諸國分佈圖。

兩宋時同日本、朝鮮的朝貢貿易更加頻繁，除官方貿易外，還出現了頻繁的民間貿易。據《宋史·高麗傳》記載，高麗使臣入宋約 381 次，宋使去高麗約 15 次。

建窰黑釉黃兔毫盞 —— 宋代瓷器，高 6 厘米、口徑 12.2 厘米、足徑 4 厘米。宋代飲茶之風蔚然興起，促成了鬥茶風俗的興盛，茶葉逐漸成為中國最重要的外銷商品之一。

龍泉窰粉青釉模印菊花紋高足杯 —— 元代瓷器，高 9.3 厘米、口徑 13 厘米、足徑 4.3 厘米。

陶瓷和香藥貿易量的加大，直至佔據主導地位是唐宋海上絲綢之路的重要特徵之一。因此海上絲綢之路又有「陶瓷之路」、「香藥之路」之稱。宋代瓷器業十分發達，出現了不少專供海外出口銷售的窰廠，官、哥、鈞、汝、定五大名窰，除官窰專供宮廷、皇室使用外，其餘四個窰廠產品均有出口。今天日本法隆寺和正倉院還珍藏着大批唐、宋時傳入的中國絲織品和各地出土的唐宋時代的瓷器及銅錢。

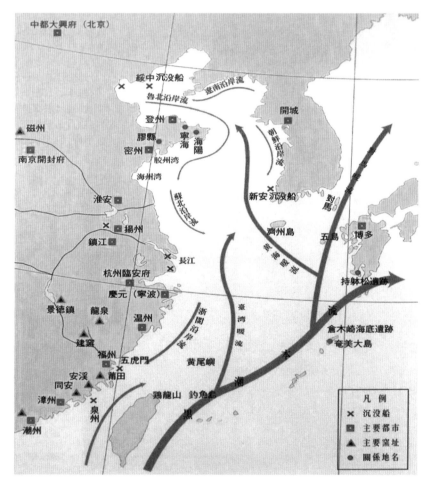

宋代東部海圖

鎏金雙鳳紋銀香盒 —— 銀質，鎏金，圓形，蓋頂刻鳳凰及花卉圖案，盒蓋與盒身以子母口相扣，通高 4.6 厘米，腹徑 5.4 厘米。宋代各類進口商品中，以香料所佔最為大宗，海上絲綢之路也有「香料之路」的美譽。

安息香

宋代，中國商船已能從波斯灣經今阿曼佐法爾到亞丁乃至東非沿岸，海外貿易也有更大的發展。

元朝政府對於海外貿易依舊十分開放，並且有很多鼓勵政策，制定了「至元法則」和「延祐法則」，堪稱中國歷史上第一部系統性較強的外貿管理法則。在廣州設置市舶提舉司，以通諸蕃貿易，推進國家海運的發展。元代同中國貿易的國家和地區已擴大到亞、非、歐、美各大洲。南海、印度洋上，中外商舶往來，其中有大量的中國政府派到外國去採購的船隻。

基督教尖拱形四翼天使石刻 —— 碑面浮雕一位趺坐男性天使，面部豐滿，頭戴「惹草」形圖案裝飾的冠帽，兩耳垂肩，是元代中西文化交流的有力物證。

達摩渡海銅鏡 —— 金代銅鏡，直徑 15.5 厘米，是為了表現宗教的傳播和交流情況而製造的。

　　除了商貿往來，西方基督教士也紛紛在這一時期從海上絲綢之路來到中國。如元大都最初的總主教意大利人約翰·孟德高維奴、泉州主教意大利人安德魯等。國人熟知的威尼斯人馬可·波羅回國時也是取道海上絲綢之路。中國人也遠赴西方遊歷，如汪大淵兩次附舶作東西洋遊，寫成《島夷志略》一書，記載了同中國進行絲綢、瓷器貿易的地區和國家就多達 220 餘個，使當時我國人民對西方世界的眼界大開，是研究 14 世紀海上絲綢之路的最有價值的名著。

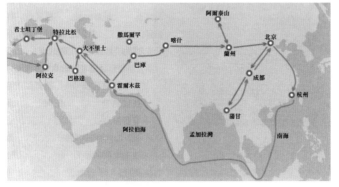

馬可·波羅旅行圖

馬可·波羅身着韃靼服飾

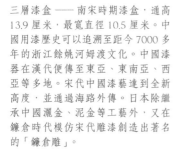

三層漆盒 —— 南宋時期漆盒，通高
13.9 厘米，最寬直徑 10.5 厘米。中
國用漆歷史可以追溯至距今 7000 多
年的浙江餘姚河姆渡文化。中國漆
器在漢代便傳至東亞、東南亞、西
亞等多地。宋代中國漆藝達到全新
高度，並通過海路外傳。日本除繼
承中國灑金、泥金等工藝外，又在
鐮倉時代模仿宋代雕漆創造出著名
的「鐮倉雕」。

褐色羅印花褶襉裙 —— 南宋絲織品，通長
78 厘米，通寬 158 厘米。中國沿海地區養桑
種麻的傳統由來已久，我國絲綢製品在質量
和織造技術上領先世界，其華麗的裝飾和優
良的質地，使絲綢更成為異國客商驚歎的東
方商品。

海上絲路 ——明代

明朝早期的造船業與前代相比發達很多，在各地出現了很多著名的造船廠，如當時極負盛名的「寶船廠」。歷史上明朝曾多次由政府組織龐大的船隊往返於海上絲綢之路，對沿線國家進行友好訪問與通商貿易活動。

南京明代寶船廠六作塘遺址圖 —— 明寶船廠遺址是我國目前唯一現存的古代造船遺址，而且和明代大航海家鄭和下西洋這一壯舉有着極為密切的聯繫。

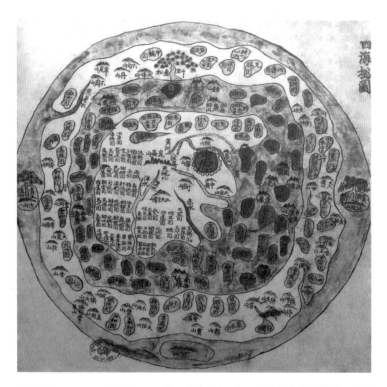

明代四海總圖 —— 刊刻於 1500 年，世界上第一幅關於南海諸島的地圖，首次把南海諸島分為四個群島，且明確標繪有四大群島的地名和位置。

　　明成祖永樂三年（1405 年）到宣宗宣德八年（1433 年），是明王朝海上絲綢之路最為活躍的時期。這一時期，明政府對許多前來朝貢的海舶均予以「優值」、「免稅」的優惠，以示「懷柔」，以致出現日本和南洋地區一些商人以托貢附舶競來貿易。更具代表性的是鄭和下西洋。鄭和先後七次率領龐大船隊（最多時船隻五六十艘，各種專業人員和官校、士卒等兩萬多人）裝載着饋贈禮物和商品，巡航、訪問海上絲綢之路沿線 37 個以上的國家和地區，海上絲綢之路達到極盛時期。這對後來達‧伽馬開闢歐洲到印度的地方航線，以及對麥哲倫的環球航行，都具有先導作用。

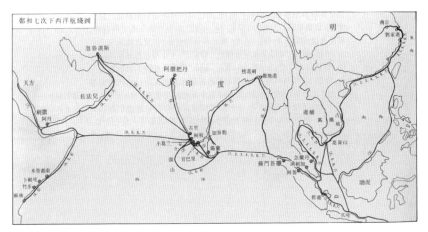

鄭和七下西洋航線示意圖

馬可·波羅香薰 —— 該器為 17 世紀前
歐洲常見的香爐，富有濃鬱的域外風
格，是海上絲綢之路文化交流的重要實
物證據。

日本青花彩繪花鳥開光人物棱紋瓶 —— 日
本江戶時代（1603－1867 年）瓷器，高 24.8
厘米，腹徑 24.2 厘米，底徑 15 厘米。此瓷
器是中國古代陶瓷文化東傳的重要物證。

　　明宣德年間至嘉靖年間，由於倭寇侵擾，明朝曾中斷海外貿易，
重申海禁。直到隆慶元年（1567 年）平定倭寇，開始放鬆海禁，海外
貿易又有所發展，史稱「隆慶開關」。

　　此後，隨着歐洲資本主義的興起及 16 世紀西方新航路的開闢，
西方殖民者如葡萄牙、西班牙、荷蘭等相繼來到中國，在東西方兩大
文明體系的正面交鋒中，明朝處於下風，加之明代後期私人海外貿易
的發展，使得盛極一時的海上絲綢之路開始走向衰落。

海上絲路——清代

　　清朝時的世界局勢及其對外關係發生了極大變化，傳統的海上絲綢之路貿易被衝破，面對西方的商業、傳教、殖民、炮艦、掠奪和戰爭的挑戰，以及不堪臺灣明朝殘餘勢力不斷對其沿海地區的騷擾，清朝初期實行海禁和閉關政策，禁止外商到江蘇、浙江、福建等地貿易，廣州再次成為唯一的對外貿易口岸。

　　到了康熙二十四年（1685 年），清朝政府下令開放海禁，指定廣州、漳州、寧波、雲臺山（今連雲港）四個地方為通商口岸。為加強管理沿海的對外貿易，同年創立粵海關、閩海關、浙海關和江海關。

黃埔古港博物館——黃埔古港位於廣州市海珠區石基村，見證了廣州「海上絲綢之路」的繁榮。自宋代以後，黃埔村長期在海外貿易中扮演重要角色；南宋時已是「海舶所集之地」；明清以後，逐漸發展成為廣州對外貿易的外港。瑞典的「哥德堡號」曾在這裏停泊。

到乾隆四十年（1775 年），清政府又借故撤銷了漳州、寧波和雲臺山通商口岸，廣州又一次成為唯一的對外貿易口岸。為便於嚴格控制對外貿易，清政府指定專門的商行從事與外商之間的貿易，這些商行發展成為著名的「十三行」，最少時 4 家，最多時 26 家。還設立夷館，對外商的起居活動進行管理，提供精美的飲食和舒適的生活。

繪紙本水粉十三行 —— 此幅十三行繪製於 1855 年左右，是葡籍畫家馬西安·安東尼奧·巴普斯塔（1826－1896 年）的藝術作品，反映了十三行末年的面貌。

茶葉外銷畫

　　鴉片戰爭後，中國海權喪失，淪為西方列強的半殖民地，沿海口岸被迫開放，成為西方傾銷商品的市場，掠奪中國資源和壟斷中國絲、瓷、茶等商品的出口貿易。從此，海上絲路一蹶不振，進入了衰落期，直到中華人民共和國成立前夕。

海上絲路——民國

　　1911年辛亥革命，結束了已經在中國延續了兩千多年的封建專制制度。生產關係的變革，為生產力的發展提供了客觀有利條件，但是資產階級領導的辛亥革命並不徹底，帝國主義在中國的特權絲毫未有觸動，封建君主的專政為軍閥官僚的統治所代替，中國仍處於半封建半殖民地社會。這一時期海上絲綢之路的總體狀況是：

① 從鴉片戰爭後香港被英國割佔開始，直到民國時期，香港逐漸成為自由港和遠東國際貿易的重要中轉口岸，由於當時黃埔港尚未建成，中國「海上絲綢之路」的進出口商品多由設在香港的洋行、銀行所操縱。除了洋行之外，在抗戰前英國一直是中國第二大貿易夥伴，抗戰後為美國所取代。

民國碼頭

② 民國前期，蠶絲業鼎盛，出口商品以生絲和絲織品為最多，茶葉有所下降，水草類編織品也較大宗，瓷器一般供應給海外華僑，其他還有煙葉和蔗糖等；進口商品以蔗糖和大米為大宗，五金類的數量繼續增長，水泥也是重要的進口商品，海產品多由香港進口。民國後期略有變動。

③ 民國後期，列強奪取了關稅收支及保管權，關餘（關稅開支後的餘額）也被外國銀行控制，中國的海關監督無權過問；省港大罷工後有所改觀。同時，民間走私問題極為嚴重，民族工商業遭受重創。

香港島開埠圖

香港福安人壽水火保險公司廣告畫

海上絲路——二十一世紀

　　1949 年 10 月 1 日，中華人民共和國成立，新中國徹底擺脫了舊中國在航海和外貿上對帝國主義的依附。新中國一貫堅持獨立自主的外交政策和和平共處五項原則，確保了中國領海、領土主權的完整，國民經濟和對外貿易得到較快的恢復和提升。

　　新中國的航海貿易是在十分嚴峻和極其困難的歷史條件下開始的，其發展大致經歷了開創、曲折前進與獲得大發展幾個階段。特別是改革開放以後，對外貿易的指導思想及其在國民經濟中的地位和作用發生了根本性變化，中國國民經濟逐步轉向開放型經濟，古老的海上絲綢之路重新煥發了生機。1985 年，中國遠洋運輸事業經過 36 年的艱苦創業，從無到有，成長起來。據統計，1985 年末，全國經營遠洋運輸的航運公司，共計有 73 家，擁有 1290 艘船舶，合計 1741 萬載重噸。中國遠洋船隊行駛的航線已遍及全球的三大洋、七大洲，從而跨進了世界航運大國的行列。

　　進入 21 世紀，伴隨着各國經濟交往的深入和經濟關係的複雜化，針對海洋權益的國際競爭明顯加強。2013 年 10 月 3 日，習近平主席在印度尼西亞國會發表的重要演講中提出：「中國願同東盟國家加強海上合作，使用好中國政府設立的中國—東盟海上合作基金，發展

好海洋合作夥伴關係，共建 21 世紀海上絲綢之路。」李克強總理在
2014 年政府工作報告中強調，要抓緊規劃建設絲綢之路經濟帶和 21
世紀海上絲綢之路，進一步明確了我國大力發展海洋經濟，提升海洋
產業整體競爭力，尤其是依託海洋運輸產業，深化海上經濟交往，實
現海陸經濟統籌發展的總方向。

　　今天，中國在造船業、遠洋運輸、海港建設、對外貿易等許多
方面都超過了中國古人，其成就無比輝煌。中國龐大的船隊日日夜夜
航行在世界大洋上，這是一條新的海上絲綢之路，它溝通着世界近
200 個國家和地區，傳送着中國人民與世界人民的友誼。中國的對外
開放就是古代絲綢之路篇章的繼續，已經和繼續推動着世界文明向前
發展。

下編

絲綢之路：天山廊道的路網

絲路申遺概述

絡繹不絕的商幫，鈴兒叮咚的駝隊，千峰萬壑的崑崙，浩瀚無垠的戈壁⋯⋯那曾經是一條灑滿汗水，充滿詩意想象的古老絲路。

2014 年 6 月 22 日，在卡塔爾首都多哈舉辦的聯合國教科文組織第 38 屆世界遺產委員會大會上，中國與吉爾吉斯斯坦、哈薩克斯坦聯合申報的「絲綢之路：起始段和天山廊道的路網」順利通過評審。

「絲綢之路：長安—天山廊道路網」由公元前 2 世紀至 16 世紀絲綢之路的起始段與分佈在天山山脈的交通網絡組成，是絲綢之路中地位最突出的重要一段。路網跨距近 5000 公里，總長達 8700 公里，申報遺產區總面積 42 680 公頃，遺產區和緩衝區總面積 234 464 公頃。作為超大型文化線路，絲綢之路路網第一批申報點包含了中國、哈薩克斯坦、吉爾吉斯斯坦三國境內的中心城鎮遺跡、商貿城市、交通遺跡、宗教遺跡和關聯遺跡等 5 類共 33 處代表性遺址遺跡，其中哈薩克斯坦、吉爾吉斯斯坦境內各有 8 處和 3 處遺產點，中國段陝西、河南、甘肅、新疆四省區共 22 處遺產點。這些遺跡是絲綢之路從開通、發展到繁榮、鼎盛時期的文化遺產的重要載體和典型代表，在全人類文明史上具有重大文化價值。

「絲綢之路：長安──天山廊道路網」的申遺成功，是世界上第一個以聯合申報的形式成功列入《世界遺產名錄》的絲綢之路項目。古老的絲綢之路終於在人類文化版圖中確立了自己無可取代的位置，也讓中國在世界文化遺產名錄中再添濃重一筆。藉此，這條橫貫東西、連接歐亞，鐫刻輝煌文明、承載厚重文化，古老而神祕的商貿大走廊、經濟大動脈、文化大運河，必將煥發新的生機，書寫新的篇章。

絲綢之路——世界文化遺產

中國境內申遺成功項目

22處考古遺址、古建築

新疆段

6處

甘肅段

5處

河南段

亦

河南段

段
處

河南段
4處

漢魏洛陽城遺址

隋唐洛陽城
定鼎門遺址

新安漢函谷關遺址

崤函古道
石壕段遺址

漢長安城未央宮遺址

唐長安城大明宮遺址

大雁塔

小雁塔

興教寺塔

張騫墓

彬縣大佛寺石窟

甘肅段

麥積山石窟

炳靈寺石窟

鎖陽城遺址

懸泉置遺址

玉門關遺址

高昌故城

交河故城

北庭故城遺址

蘇巴什佛寺遺址

克孜爾朵哈烽燧

克孜爾石窟

中亞境內申遺成功項目：

11處考古遺址、古建築等遺跡

哈薩克斯坦
8處

吉爾吉斯斯坦
3處

吉爾吉斯斯坦段

碎葉城　　　　　　巴拉沙袞城　　　　　　新城

開阿利克遺址

卡拉摩爾根遺址

塔爾加爾遺址

阿克托貝遺址

庫蘭遺址

奧爾內克遺址

阿克亞塔斯遺址

科斯托比遺址

漢魏洛陽城遺址

漢魏洛陽城遺址位於河南洛陽東，距洛陽城區約15公里。該遺址為自東漢至北魏五百餘年的都城遺存。

洛陽北依邙山，南枕熊耳，西接崤山，東連嵩岳，為群山環抱，地勢險要。又有洛水、澗水、金水、伊水等穿城流淌，匯入黃河，水陸交通便利。正所謂「形勢甲於天下」，為歷代帝王所鍾，先後有多個王朝在此建都，有「十三朝古都」之稱。

儒學獨尊以後，東漢明帝時，開始允許四方各國的王子進入洛陽太學學習儒學。西晉時期，各國進入洛陽太學學習的王公貴冑往來不絕。洛陽太學一度成為傳播儒學的國際性教育機構。

北魏孝文帝禮佛圖，位於洛陽龍門石窟賓陽中洞，與《文昭皇后禮佛圖》一起構成「帝后禮佛圖」浮雕群像。開鑿於北魏時期，描繪了北魏孝文帝禮佛的場面。可惜在上世紀 30 年代，該組浮雕被偷鑿，盜賣出國。

西漢有張騫從長安出發，打通西域，使絲綢之路得以暢行。東漢與西域「三絕三通」，功勞首先是班超，正是班超從洛陽出發，經營西域多年，保證了絲綢之路的延續與繁榮。

曹魏時期，雖有戰亂影響，但洛陽仍有西域胡人交易，可見絲綢之路並未斷絕，洛陽也是胡人經商的終點站。

北魏政權拓跋氏，原為北方遊牧民族。統一北方後，孝文帝拓跋宏決定遷都洛陽，積極學習漢文化，從此開始了胡漢交流融合的發展歷程，洛陽也再度成為四方的中心，絲綢之路的起點。

攝摩騰和竺法蘭二位高僧在白馬寺譯出《四十二章經》，為第一部漢譯佛經。曹魏時期，白馬寺又產生了第一個剃髮受戒的中國漢地僧人，從此，「身體髮膚，受之父母，不敢毀傷」的傳統不為出家人所遵守。

　　絲綢之路是東西方經濟、文化交流的通道，漢魏時期的一個突出表現，即是佛教東傳。洛陽白馬寺、龍門石窟等即是早期佛教傳播的產物。

　　相傳，漢明帝夜夢金光飛神，有大臣認為飛神為天竺國（今印度）得道升天之神，天竺皆稱為「佛」。於是，漢明帝派大臣蔡愔、王遵等西行求佛。蔡愔一行到了大月氏，遇到天竺高僧攝摩騰、竺法蘭，便邀請二位到洛陽傳經。次年，一行人用白馬馱了佛像、佛經等一起回到洛陽。漢明帝非常禮重二位高僧，安排在鴻臚寺住下，之後又下詔在城西修建譯經場所，因馱經之白馬與鴻臚寺之故，命名為「白馬寺」。白馬寺是中國最早的佛、法、僧三寶具足佛教寺廟。

隋唐洛陽城定鼎門遺址

隋唐洛陽城定鼎門遺址位於河南洛陽。遺址主要包括定鼎門遺址、城牆遺址、天街遺址、里坊遺址、水系遺址等。

隋唐洛陽城定鼎門始建於隋煬帝大業元年（605 年），始稱「建國門」，唐改稱「定鼎門」，是隋唐洛陽城南門正門。

隋煬帝登基後，興建東都洛陽城，在定鼎門外設置「四方館」，用以接待各方來朝的外國使節。並通互市。武則天登基，升洛陽為神都，進一步大興土木，這是洛陽都城發展史上的巔峰。

自隋煬帝建洛陽城，其後經唐、五代，直到北宋末年，金兵南下，方毀於戰火，前後沿革近 500 年。

定鼎門遺址保存較好，2009 年，在原遺址上面復原建了一座新的定鼎門城門樓，一方面，可以有效保護文物，另一方面又能展示定鼎門的歷史風貌。

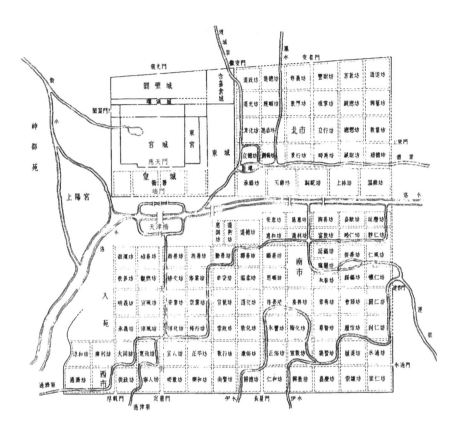

從定鼎門入城，經天街，上天津橋過洛水，入端門，進入皇城，再經應天門，則進入宮城。此一線為東都中軸。

　　隋唐洛陽城主要包括宮城、皇城、東城、郭城以及西苑和作為糧倉所在地的含嘉倉城。定鼎門為外郭城南面正門，也稱天門。郭城以內，皇城以外，包括東城，街道縱橫，形如棋盤，其中定鼎門街（也稱天街）最寬。

藍釉燈，出土於洛陽唐恭陵，是唐太子李弘的太子妃哀皇后的陪葬品。高約 34 厘米，通體施藍釉。藍釉是唐三彩的一種，其呈色劑是從西方通過絲綢之路傳入中原，得來不易，又因其製作難度極為困難，因而藍釉陶瓷較少見。相傳上世紀 90 年代，哀皇后墓被盜，香港一翟姓人士購得此燈，後來聽聞案發，特派專機將此燈送回。

　　隋唐兩代，在洛陽城內里坊開互市，有北市（隋稱通遠市），南市（隋稱豐都市），西市（隋稱大同市），其中南市最大，後成為唐代規模最大的商品集散地，各種商品都從這裏出定鼎門發往全國各地，也經絲綢之路，發往西域各地。

　　隋唐時期，經濟繁榮，對外包容，來自世界各地的商人、使者絡繹不絕。洛陽城裏胡人往來不斷，甚至有不少定居於此。祆教、景教、摩尼教等也在洛陽城盛極一時。洛陽城是公元 7－10 世紀絲綢之路的起點，也是終點。定鼎門，是出門往西的第一道門，也是從西東歸的最後一道門。

新安漢函谷關遺址

新安漢函谷關遺址位於河南洛陽新安縣東。遺址主要包括關樓、南北兩側的夯土關牆和關臺遺跡，以及關牆外向南北兩側延伸的城牆遺跡。

漢函谷關始建於漢武帝元鼎三年（前114年）。關樓坐西向東，向北翻越丘陵，直達黃河岸；向南貫通洛水，連接宜陽散關。史稱「漢函谷關」，也稱「漢關」。

此關歷來兵亂不斷，屢受炮火摧殘，也屢次修復。最後一次修復在上世紀20年代，適逢康有為路經此地，於是留下題款。

2012 年 6 月，對漢函谷關遺址的考古工作開始啟動。經過一年多的時間，發掘遺址面積 3300 平方米。出土錢幣總計 108 枚，以漢代銅錢為主，還有唐、宋、清等時期的錢幣。此外還發現了銅鏃、鐵戟等兵器。

　　漢函谷關東有八陡山，古稱扳倒山、八將山或八特坂，是有名的古戰場遺址。西有奎樓山，北有鳳凰山，南有青龍山，四山環抱，即是著名的「四面青山」。再加上澗水、皂河的護衛，無論行人還是軍旅，都必須通過關門才能通行。無愧絲綢之路東起點的第一道門戶。

從考古發現來看，漢函谷關不僅有關墻，還有城墻，說明漢函谷關不僅僅是一座關，還是一座城。只是經過千年的演變，漢代城墻都已下沉，為黃土淹沒。經考古挖掘，又得以重見天日。

　　函谷關本在弘農（今河南靈寶），後稱秦函谷關。據傳，漢武帝時候，樓船將軍楊僕的老家在函谷關以東，屬於關外。於是他上奏說，對自己家在關外感到羞恥，請求將函谷關東移，以便做關內人。並表示願意自己掏錢移關，不花費國家一分錢。漢武帝同意了，於是楊僕拿出自己的家底，動用家僮 700 人，將函谷關全部拆遷往東 300 里的新安境內，就是後來的漢函谷關。

　　傳說未必真，但史書記載漢武帝元鼎三年「徙函谷關於新安」卻是事實。漢武帝東遷函谷關，可以有多種考慮，但毫無疑問的是，如此一來，即為絲綢之路東段提供了更安全的通行保障。

崤函古道石壕段遺址

　　崤函古道石壕段遺跡位於今河南陝縣硤石鄉車壕村東南。遺址主要包括石灰岩質古道路面，路旁三處蓄水設施等。路面有保留至今的古代車轍痕跡、蹄印等，還有部分人工鑿刻的痕跡。

　　考古探明，古道全長 1317 米。經考古發掘的古道遺跡為 230 米，呈西北—東南走向，最寬可達 8.8 米，最窄僅 5.2 米。

遺址路面上的轍痕，為車輪在原自然石灰石質山坡上長期碾壓形成，印痕清晰。轍痕寬窄、深淺不一，最寬達 0.4 米，最深達 0.41 米，最淺僅 0.05 米。

崤函古道的特殊地理位置，也讓它成為歷代兵家必爭之地。唐代詩人杜甫路經此地，有感於戰爭給百姓生活帶來的破壞，留下了著名詩篇「三吏」「三別」。

　　崤函古道，是中國古代對洛陽至潼關之間交通要道的統稱。崤，即崤山，在今陝西潼關以東，河南洛寧以西，屬秦嶺東段餘脈。函，即函谷，今河南新安漢函谷關以西，一直到潼關，這一帶古道都處於山間峽谷之中，通稱函谷。

　　崤函古道南枕崤山，北靠黃河，是古代溝通長安、洛陽兩大都城的必經之路，也是中原通往關中、西域的交通要道，更是絲綢之路東段的重要組成部分。

古道遺跡上殘留的碑趺

古道遺跡上殘留的蹄印

　　遺址出土大量晚清至民國時期文物，可知古道最晚到民國早期仍
在使用。後因道路改線，被遺留在一條馬鞍形的山梁兩側，經風雨剝
蝕，依然如初。是目前《世界遺產名錄》「絲綢之路：長安—天山廊
道路網」唯一道路遺產。

漢長安城未央宮遺址

漢長安城未央宮遺址位於陝西西安，是漢長安城最重要的宮殿，為西漢王都的核心。既是當時全國政治經濟的最高決策中心，也是漢與西域溝通，開闢絲綢之路的最高指揮中心。

漢高祖劉邦建漢以後，接受大臣建議，定都長安，開始興建長安城。未央宮是最早建成的宮殿之一。自漢惠帝始，未央宮一直是西漢帝國皇帝主政的地方，是全國的權力中心。

未央宮位於漢長安城地勢最高的西南隅龍首原上，面積約 4.8 平方公里，整體平面近似正方形，約建於公元前 200 年，又稱西宮。

未央宮以前殿為主體建築，居於正中，四周圍繞其他建築；往北是椒房殿，為皇后居住的地方，也就是後宮；再往北有天祿閣——為圖書館、石渠閣——為檔案館；西側有中央官署、少府等皇室官署；西南有滄池、漸臺等皇宮禁苑；再加上柏梁臺、四方城墻、城門等，共同構成了亭臺樓榭、山水滄池的建築形制，是中國古代規模最大的宮殿建築群之一。

漢以後，未央宮又相繼為西晉、前趙、前秦、後秦、西魏、北周等朝代的權力中心，繼續為時斷時續的絲綢之路出謀劃策，接見四方來使，承載着中外交流的使命。

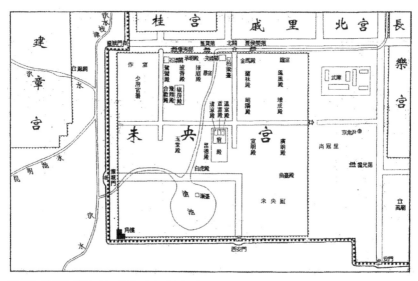

長安——絲綢之路從這裏出發，溝通西方，走向世界。

作為漢王朝最高權力中心所在地的未央宮，見證了東方積極尋求與西方交流、與世界對話的歷史功績，見證了絲綢之路最早的發展歷程。在這裏，張騫開始了他鑿空西域的征程；在這裏，王昭君們對外和親，邁出了民族融合的步伐……

王昭君本為漢元帝時的宮女，容貌美麗，善歌舞，居未央宮掖庭殿待詔。後遠嫁匈奴和親，促使胡漢和平共處，互相交流融合。

唐長安城大明宮遺址

唐長安城大明宮遺址

　　唐長安城大明宮遺址位於陝西西安。遺址包括含元殿、麟德殿、三清殿、大福殿、望仙臺等建築遺址，丹鳳門等宮門遺址，宮牆等牆體遺址，太液池、龍首支渠等水系、橋梁遺址，御道、廊道等道路遺址。

　　大明宮始建於唐太宗貞觀年間，一度停工，建成於唐高宗時期，是唐代帝王的主政場所，為唐王朝的權力中心。無疑，大明宮也是7－10世紀絲綢之路東方的最高決策指揮機構。

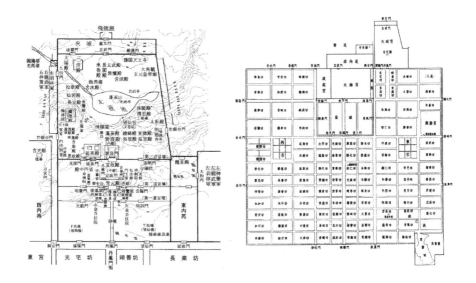

長安城裏建有專門的商貿集市東市和西市，分居皇城東南和西南，非常繁盛，尤其西市，為胡商聚集的國際貿易市場，又有「金市」之稱。

　　大明宮主要建築為：中軸南正門丹鳳門，進門往北經御道為「外朝（前朝）」正殿含元殿，殿北進宣政門為「中朝」宣政殿，再往後為「內朝（後朝）」紫宸殿。再往北為寢宮區域，中軸上為寢殿蓬萊殿。最北為後苑，建有太液池、蓬萊山等。太液池以西有麟德殿。

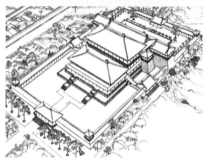

麟德殿位於大明宮西北，為接見和宴請外國使節的主要場所。含元殿與丹鳳門一起構成「外朝」，在這裏，會舉行唐帝國與其他國家或民族政權友好往來的象徵儀式。

　　大唐王朝以其開放包容自信的姿態，迎接四方各國往來的使節、學者、商人。絲綢之路也因唐的繁榮而欣欣向榮。作為唐都城的長安，更是匯集了各色人等，不同文化的民族在這裏交流，不同教義的宗教在這裏傳道，不同風格的技藝在這裏演繹，不同產地的商品在這裏交易……。長安是當之無愧的「國際都市」。

大雁塔歷代屢有損毀，又屢次修復。今日所見大雁塔外觀，為明代嘉靖年間在原塔之外砌磚而成，1990年代對全塔內外有所修補加固。

大雁塔

　　大雁塔位於陝西西安慈恩寺內，原名大慈恩寺佛塔，始建於唐高宗永徽三年（652年），是為保存唐代高僧玄奘法師從天竺經絲綢之路帶回長安的經卷、佛像以及舍利等而建。

　　唐貞觀年間，太子李治為追念母親文德皇后，在隋無漏寺舊址上重修寺院，改名為「大慈恩寺」。不久，玄奘法師主持慈恩寺，並修塔為其所用。從此，玄奘法師在慈恩寺致力於翻譯佛經，為佛教的發展做出了重大貢獻。

絲綢之路的開通，方便了西方外國人來東方漢唐經商、學習，也方便了東方人往西方學習。大唐高僧玄奘法師就是最好的註腳。

　　玄奘法師俗姓陳，名禕（一作褘），十三歲即出家，後因對佛學思想的分歧，發願西行取經求法。當時唐王朝初定，邊關不寧，玄奘未得批准出關。但玄奘決心已定，於是幾經周折，私自偷渡出關，經玉門關、高昌國（故址在今新疆吐魯番境內）以及今吉爾吉斯斯坦、烏茲別克斯坦、阿富汗、巴基斯坦、印度等地。歷經千辛萬苦，歷時15 年，終於學有所成，並攜帶佛經六百餘部回到唐帝國，受到唐太宗的禮遇。

大雁塔原本只有五層，後來增加到如今的七層，七層內墻壁上有一段《大唐西域記》的文字，裏面記載了玄奘法師在天竺聽聞僧人埋雁造塔的傳說，這大概就是建造大雁塔的緣由。

《大唐西域記》詳細記錄了玄奘法師西行的所見所聞，是中國與中亞、西亞、南亞交往歷史的珍貴記錄。

　　玄奘法師回到唐帝國，向弟子講述他的經歷，由弟子辯機筆錄，輯成《大唐西域記》一書。書中記敍了玄奘法師西行求法所經歷的110國以及他所聽說的28國的風土人情、歷史政治、佛教遺跡、神話傳說和氣候地理等方面。區域不僅涵蓋今天的新疆、中亞、南亞等地，還遠及地中海東岸的西亞等地，甚至還提到東南亞的一些地區。該書既是研究佛教史不可缺少的資料，也是研究中亞、南亞歷史不可或缺的重要資料，是絲綢之路的重要文獻。

小雁塔初為 15 層，後經多次損壞，又多次修整，現存
13 層。與大雁塔同為唐代佛塔的代表，也是西安市的地
標，因大小有別，所以一稱大雁塔，一稱小雁塔。

小雁塔

　　小雁塔位於陝西西安薦福寺內，又名薦福寺塔，建於唐中宗李顯
景龍元年（707 年），是為存放西行求法的高僧義淨從天竺經海上絲
路帶回的經卷、佛圖等而建。

　　唐高宗李治死後百日，為給他獻福，於是建獻福寺。後武則天稱
帝，改名薦福寺。義淨求法回國後，被邀主持薦福寺，在此譯經。唐
中宗時，建塔為義淨所用。唐武宗時，施行全國性滅佛政策，薦福寺
以及慈恩寺等得以特別保留。後因戰亂，時有損毀，今天所見，多為
明清時期復修，惟小雁塔殘留唐時風貌。

義淨，俗家姓張，自小出家，因仰慕法顯、玄奘等高僧西行求法，也發願西行求法。唐高宗二年（671 年），陸上絲綢之路因戰亂難通，義淨遂從洛陽出發，取道廣州，乘坐波斯商船，走海路，幾經周折，終於在兩年後到達天竺。之後，義淨在今天的印度多地遊學，其中那爛陀寺為主要學習場所。武周證聖元年（695 年），義淨攜帶舍利子三百餘顆、佛經四百餘部，又經海路回到洛陽，並受到武則天的隆重接待。

關中多地震，小雁塔也屢受地震之害。傳說小雁塔曾經在三次地震中被震裂，又三次在地震中震合。這就是小雁塔「三裂三合」的傳說。傳說未必可信，但小雁塔被震裂而不倒卻是實情。

義淨的海路之行，證實了中國自古海上絲路的繁榮。他撰有《南海寄歸內法傳》和《大唐西域求法高僧傳》兩書，既是研究佛學的重要資料，也是研究東南亞、南亞歷史的重要文獻，還是研究中外交流，特別是海上絲路的珍貴材料。

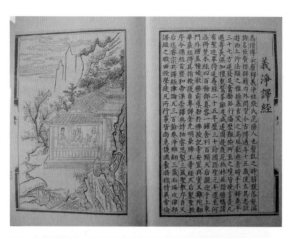

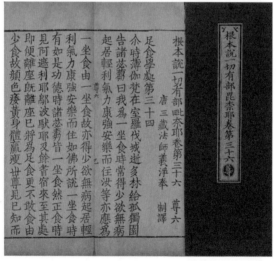

義淨常在洛陽長安兩地往來宣講佛法，翻譯佛經，其中，薦福寺是他最常待的地方，他的主要翻譯工作都是在這裏完成。後來，他在薦福寺圓寂，年七十九歲。

興教寺塔

　　興教寺塔位於陝西西安杜曲少陵塬畔的興教寺內，為唐代高僧玄奘法師及其弟子窺基、圓測的舍利墓塔。是佛教延絲綢之路東傳入中國之後，在中國發展的重要物證。同時，也是佛教經中國直接影響朝鮮半島的重要見證。在佛教傳播史以及中印文化交流史，中朝（指朝鮮半島，包括今朝鮮和韓國）文化交流史上都有重要地位。

　　唐高宗麟德元年（664年），玄奘法師在今陝西銅川境內的玉華宮圓寂，遺囑安葬在遠離宮廷寺廟的偏僻山澗之處。唐高宗遵其遺囑，將其火化後的遺骨安葬在長安東郊的白鹿原上。幾年之後，唐高宗皇后武則天下令將玄奘法師遺骨遷葬長安以南的少陵塬，並建五層舍利塔於其上，即今唐三藏塔，又於次年修寺紀念，名為「大唐護國興教寺」。

興教寺一度為唐代樊川八大寺院之首。後歷經興衰，並在清同治年間毀於兵火，只有三塔得以留存。1920年代，又有僧人重修廟宇，此後時有維修，成今日規模。

三塔呈品字形排列。唐三藏塔居中靠前，為師。二弟子居後，一東一西。東為測師塔，葬弟子圓測；西為基師塔，葬弟子窺基。

　　窺基又稱靈基，俗姓尉遲，字洪道。唐開國名將尉遲恭為其伯父。據說，玄奘法師東歸之後，一邊傳法譯經，一邊物色弟子，以便傳授衣缽。一次偶然的機會，玄奘法師巧遇窺基，見他相貌堂堂，大方得體，正是傳他衣缽的合適人選，便說動他及他家裏人，收他為弟子。窺基十七歲那年，正式剃度出家，拜玄奘為師，從此跟隨玄奘法師受業，參與傳法譯經。唐高宗永淳元年（682 年），窺基在慈恩寺圓寂。初葬於樊村，後遷葬於興教寺三藏塔西側，建舍利塔於其上，即今基師塔。

唐朝經濟、文化等方面的繁榮，對周邊國家的影響頗為深遠。興教寺塔正是這些影響中的一個側影。它守護着當初佛教由絲綢之路東傳，並遠及朝鮮半島的重要參與者，在中外文化交流上佔有重要地位。

　　圓測俗名文雅，乃新羅王孫，自幼出家，後隨遣唐使來到長安，學習佛法。玄奘法師歸唐後，他拜入玄奘門下，跟隨學習。他通曉梵文、漢文，是玄奘法師翻譯佛經的得力助手。武周時期，圓測很受武則天優待，幾次欲回新羅弘揚佛法都因武則天挽留作罷（一說圓測曾一度回新羅，又因武則天相邀來唐）。後來，圓測在神都洛陽圓寂，遺囑安葬在師父玄奘法師舍利塔旁。但因種種原因，初葬於終南山，直到宋徽宗時期，才遷葬興教寺三藏塔東側，並建舍利塔，即今測師塔。

張騫墓

　　張騫墓位於陝西漢中城固。墓塚坐
北朝南，核心為漢代封土磚。墓塚南有
清朝和民國時期留下的墓碑四通，還有
漢代殘存的石灰石質石獸兩件。墓主人
為絲綢之路的開拓者，漢博望侯張騫。

　　張騫墓歷代均有相關資料記載，但
時有盜損。1930年代，西北聯合大學對
該墓葬進行了初步挖掘考察，出土漢代
陶片、瓦罐、五銖錢等文物，尤其一方
刻有漢隸「博望造銘」的封泥，從考古
學上證實此墓確為張騫墓。

「博望造銘」封泥呈方形，
長 2.2 厘米，厚 0.4 厘米。
張騫曾被漢武帝封為博望
侯，可知此封泥專為張騫
所用。

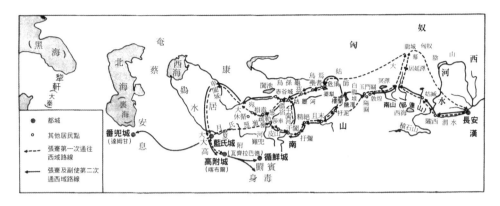

絲綢之路把中原王朝和中亞許多國家聯繫起來，並遠及西亞、歐洲。對沿途國家地區的文化、經濟、政治交流都產生了深遠的影響。這一切，張騫功不可沒。

　　張騫，漢中城固人。漢武帝時，因屢受匈奴侵犯，決定聯合同樣被騷擾的西域月氏國，共同夾擊匈奴。

　　漢武帝建元二年（前 139 年），張騫應募出使月氏，途經匈奴，不幸被俘。他在匈奴一待就是近十年。其間娶妻生子，但他始終不忘使命，後逃脫，往西經大宛（今費爾干納盆地一帶）、康居（今哈薩克斯坦南部），於漢武帝元光六年（前 129 年）到達大月氏。但此時的大月氏輾轉西遷，統領大夏（在今阿姆河流域），已定居嬀水（今阿姆河）北岸，無心與匈奴為敵。張騫又至大夏，停留半年餘方才返回。歸途中，張騫又為匈奴扣留年餘，趁匈奴內亂之機方才逃出，於漢武帝元朔三年（前 126 年）回到長安，向漢武帝詳細報告西域情況。

通過絲綢之路，東方絲綢、陶瓷等器物，造紙、鑄鐵等技術往西傳；西域的葡萄、核桃、胡琴等得以引進中原。

　　元狩四年（前 119 年），張騫第二次出使西域，到達烏孫，並派副使往大宛、康居、月氏、大夏等國。元鼎二年（前 115 年），張騫帶隨烏孫使者一同回到長安，受到漢武帝嘉獎。張騫所派副使，輾轉最遠到達安息（今伊朗一帶）。

　　張騫通西域，本來出於軍事目的，但自此之後，一條從中原往西，經河西走廊、新疆，連接中亞、西亞的通道得以暢行。而在中亞、西亞繼續往西，往來歐洲的通道也連綴成線之後，溝通亞歐大陸的絲綢之路開始大放異彩。

彬縣大佛寺石窟

彬縣大佛寺石窟位於陝西彬縣，地處涇河河谷，在涇河岸的清涼山上依山鑿窟。石窟始建於 6 世紀的北周時期，唐代開窟造像最盛。這裏是大唐王朝都城長安附近的重要佛教石窟寺，是石刻大佛藝術隨同佛教沿絲綢之路東傳的見證，同時也表現了石刻大佛藝術在關中地區乃至全國的影響。

大佛寺建於唐初，是唐太宗李世民為紀念在邠州淺水原大戰以及五龍坂大戰中陣亡的將士而建，初名應福寺。北宋時，宋仁宗為其養母劉太后慶壽，於是改名為慶壽寺。明以後，因大佛之故，俗傳大佛寺之名至今。

相傳，大詩人李白路經大佛寺，受僧人邀請，進寺高談對飲，多次論及「覺者」。臨行之時，李白醉意朦朧中，忽有所感，乃揮筆寫下「覺路」二字，隨後執筆而去。

大佛洞有造像 1000 餘尊。最大佛像為阿彌陀佛像，
高 20 餘米，其後有「大唐貞觀二年十一月十三日造」
的字樣。

　　大佛寺石窟現存洞窟 116 個，其中佛龕 446 個，造像 1980 餘
尊，可分為西、中、東三區。西區較早開窟，造像年代大約為從北
周至初唐。中區造像最多，年代大約為從初唐到北宋，其中「大佛
洞」、「千佛洞」、「羅漢洞」為主要的造像窟。東區開窟最多也最特
別，但基本無造像，而是一群結構嚴密的僧房窟，這在全國都是極其
罕見的。

獨特的地理位置 —— 絲綢之路東段北線主幹線，獨特的開窟時間 —— 中原文化極盛時期的大唐時代，使得大佛寺石窟在絲綢之路的研究裏，擁有着極為重要的價值和意義。

　　彬縣，舊名邠縣，位於唐都長安西北，舊屬秦地，再往西即為隴地，是秦隴交匯之所。沿涇河要道，是連接秦隴的必經之路，由此，這裏也是絲綢之路東段北線的咽喉要道，決定了此地的重要性。大佛寺石窟在此，遂成為絲綢之路西出長安北行第一佛窟。大佛塑像從釋迦牟尼演變為阿彌陀佛，也是佛教中國化的具體體現。

麥積山石窟

　　麥積山石窟位於甘肅天水，遺存主要包括開鑿在山壁的佛龕、造像、壁畫的遺跡以及相關的佛寺和佛塔。

　　麥積山石窟始鑿於後秦（384－417年）時代，此後北朝時期得到大發展，直到隋唐都有新開鑿，宋以後新開鑿較少，主要是修繕。現存窟龕194個，泥塑造像7000餘身，壁畫1000餘平方米。

　　崖下有瑞應寺，始建於東晉時期，初名無憂寺，此後多有更名，北宋宋徽宗賜名瑞應寺，沿用至今。歷代均有損毀重修，現存寺廟為清代復修。崖頂有舍利塔，始建於隋代，現存為清代重建，八角五層實心塔。

麥積山地處小隴山，在眾多山巒之中，孤峰突起，狀若麥垛，彷彿麥草堆積，因而得名。

經變畫是用圖畫的形式來表現佛經內容、思想或者佛教故事的一種形式，一般為多幅圖畫組成一組來共同表現。

　　麥積山石窟佛像可以見出清晰的發展脈絡，早期佛像高鼻寬肩，具有明顯的印度風格；北朝時期，寬衣博帶，服飾風格已有明顯的漢化痕跡；到了隋唐，豐滿誇張，已經明顯中原化。尤其值得注意的是，麥積山石窟保留的眾多壁畫，其中不乏經變畫，如第 127 窟的維摩詰經變、涅槃經變、西方淨土變等。這是佛教中國化所獨有的藝術創造，源自中原，麥積山這裏尚屬早期經變畫。再由此向西，傳到敦煌，經變畫開始大放異彩。並繼續往西，在西域吐魯番、龜茲等地石窟中也有展現。這是佛教藝術沿着絲綢之路往東影響中原，再反哺往西，互相交流影響的重要表現。

天水古稱上邽，後因「天河注水」的美麗傳說而改名天水。天水歷史悠久，傳說伏羲即誕生於此，故天水有「羲皇故里」之稱。天水也是兵家必爭之地，尤其是三國時期，蜀魏在這一帶多年征戰，留下很多關於諸葛亮等人的傳說。

　　麥積山地處天水，天水為絲綢之路東段南線與中線的交匯點，是必經之路，往來商旅、僧人不斷。同時，這裏也是西出關中，進入秦隴地區的第一站，是絲綢之路重要的門戶和驛站。佛教自西往東傳，佛教石窟藝術也隨之東傳，經過天水，歇歇腳，就留下了麥積山這一「寶庫」。這裏不僅有佛教藝術東傳的見證，還有佛教向西影響的物證。

炳靈寺石窟現存窟龕 185 個，雕像 776 尊，壁畫 900 餘平方米。
由崖面北段高達 27 米的唐代摩崖大佛及其他中小窟龕構成主
體。其中大佛左上的 169 號龕尤為珍貴，不僅保存了中國最早的
造題記，還存有中國最早的西方三聖題材壁畫，彌勒形象等。
這些都深深影響了之後出現的雲岡、龍門、敦煌等石窟。

炳靈寺石窟

　　炳靈寺石窟位於甘肅永靖。石窟開鑿在小積石山黃河北岸大寺溝西
側的崖面上，始鑿於公元 4 世紀後期的西秦時代，此後直到 10 世紀均
有開鑿，之後歷代均有維修。

　　石窟發現有「建弘元年」（420 年）的題記，是我國已知石窟中最早
的造窟題記，這為佛教初入漢地提供了確切的紀年題記佐證，同時，加
上其他石窟保留的多處石刻題記，成為鑒別石窟造像年代的重要參考。

炳靈寺石窟所在的河州地方（今永靖、積石山一帶），為絲綢之路東段南線必經之路。離石窟上游不遠，便是著名的黃河古渡口——臨津古渡。從長安過來的商旅，經天水、臨夏，到臨津古渡渡過黃河，再經西寧、扁都口，到達張掖，進入河西走廊。不僅如此，河州還是古代中原與青藏高原相聯繫的必經之路。尤其是吐蕃王朝興起之後，青藏高原與中原地區的聯繫日益緊密，唐蕃古道逐漸形成。這裏，便是唐蕃古道與絲綢之路的交叉路口。

姊妹峰矗立於小積石山群峰之間，下通黃河，上達雲端。兩峯緊緊相偎相依，彷彿兩姐妹永不分離，又如通天石柱，屹立於此，因此又叫石柱峰。山根有 001 號石窟，窟內有窟龕、雕塑、壁畫等。

這裏，有晉代高僧法顯西行求法路經此地留下的墨跡；也有西域禪學大師曇摩毗在此留下的印記。漢傳佛教、藏傳佛教在這裏交流，甚至在水簾洞、老君洞等石窟裏發現，道教也曾在這裏講道。

東來西往的絲綢之路，南來北往的唐蕃古道，西域、吐蕃、中原⋯⋯多種文化的交匯，同時影響了炳靈寺石窟造像，使它們獨具特色，也獨具魅力。無愧中國的「石窟百科全書」。

炳靈寺石窟分佈在上寺，下寺及上下寺之間的洞溝等地。初名「唐述窟」，後又有「龍興寺」、「靈岩寺」等名，明永樂之後，改稱「炳靈寺」，沿用至今。「炳靈」為藏語音譯，含有「十萬佛」、「萬佛峽」、「十萬彌勒佛州」等意義。

鎖陽城遺址

　　鎖陽城遺址位於甘肅瓜州東南的荒漠戈壁中，位處祁連山西北，河西走廊西端，緊靠疏勒河與榆林河。主要遺存包括鎖陽城城址、鎖陽城墓群、塔爾寺遺址、周邊農業灌溉渠系遺跡等。

　　鎖陽城年代約為公元 7－13 世紀，很可能是唐代河西重鎮瓜洲城故址。是連接古代中原和西域的交通樞紐，是絲綢之路東進西出的咽喉所在。

相傳唐代名將薛仁貴曾被困於此。城中缺糧，所幸城中鎖陽甚多，支撐城中將士，直到援兵到來，得以脫險，後感念鎖陽救困之恩，遂將此地易名鎖陽城。傳說未必是真，但鎖陽城確因當地盛產名貴中藥鎖陽而得名。

鎖陽城農業灌溉渠系分佈於鎖陽城周邊，包括疏浚工程、攔水壩、幹渠、支渠、毛渠等。幹渠和支渠總長度約 90 公里，灌溉了鎖陽城周邊約方圓 60 公里內的耕地。渠系流經之地，房屋、院落、農田、烽燧等遺址隨處可見。據史載，大約在漢魏時期，鎖陽城一帶便已開始了農業生產，這也得益於如此發達的灌溉渠系，其後惠及隋唐五代。

　　鎖陽城周邊形成的農業灌溉渠系以及經由移民屯田開闢的綠洲，是乾旱地區人類土地利用的傑作，是人與自然和諧共處的表現，由此為絲綢之路的暢通提供了物質和文化基礎。

鎖陽城城址有內城和外城，均呈不規則方形。其中內城又有隔牆分為東西兩部分。城牆牆體上有城門、甕城、角墩、馬面等設施。

塔爾寺距鎖陽城城址東約 1 公里，面積約 1.5 萬平方米，是一處大型的佛教寺院遺址。現殘存覆缽結構圓錐形大塔 1 座，以土坯砌成。大塔北部殘存小塔 11 座，約可見鼎盛時風貌。

　　鎖陽城歷經 1000 多年的歷史，其周邊的寺廟、墓葬等，都留下深深的印跡。從出土的絲綢、陶瓷器皿、三彩駝馬、陶俑、錢幣等來看，鎖陽城除了政治、軍事活動外，經濟、文化活動也很頻繁，為絲綢之路的繁榮做出了貢獻。現存的遺址是集古城址、古墓群、古河渠、古寺院、古墾區等為一體的多種文化遺存。

懸泉置遺址

　　懸泉置遺址位於甘肅河西走廊敦煌和瓜州交界的地方，是公元前 2 世紀至公元 3 世紀時漢帝國設立在河西地區的驛站遺址。其主要功能是傳遞各種郵件和信息，迎送過往使者、外賓以及公務人員等。

　　遺存包括漢代懸泉置的完整建築群 —— 包括房屋、馬廄、塢堡以及塢外附屬建築等遺址，北墻北側有漢代古驛道遺跡，西北角疊壓有魏晉時期的烽燧遺址。作為官方設置的驛站，懸泉置擔負着連接中原與西域的使命，是絲綢之路重要的組成部分。

從現有的史料記載來看，絲綢之路東段沿線 —— 從長安到敦煌有古驛站 80 多個，但是目前考古發掘確認的只有懸泉置一處。

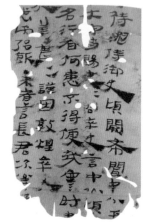

出土的眾多漢簡，有一個共同的特徵，即字體都差不多，似乎出自一人之手，但年代跨度之大，顯然不可能為一人所寫。可能的解釋是，這些漢簡都是指定專人書寫，且都經過統一訓練。

　　懸泉置遺址考古發掘，共出土各種文物 7 萬餘件。其中漢簡 3 萬多枚，寫有文字的 2 萬餘枚。漢簡數量之大，內容之廣，都是罕見的。通過對漢簡的解讀，可以看到絲綢之路的部分路線，再聯繫居延漢簡，可以明確漢代絲綢之路從長安到敦煌的完整里程。

　　漢簡中最多的是官府文書，包括皇帝詔令等。各種律令也很多，如「名籍」、「契約」等，涉及人事、財經、行政等多方面。此外，還有日常勞動、消費、來往等方面的記錄。通過這些漢簡，可以了解當時敦煌的社會環境、制度法規等，更可以參照史籍，了解絲綢之路的盛衰。

　　懸泉置最讓世界震驚的出土文物，則是 500 餘張古紙，其中西漢紙 200 餘張，寫有文字的約 10 張。

從懸泉置漢簡文書、帛書以及紙質文書的記載來看，懸泉置曾經大規模接待過貴賓。比如于闐王，與其隨行的隨從有 1000 餘，這樣大的接待量，對一個小小的驛站，十分有挑戰性，僅僅用壞的杯子就超過 300 個。還接待過烏孫國公主、康居國王等貴賓。其他如大宛、樓蘭、龜茲等西域諸國使者，康居、大月氏、烏弋山離、罽賓等中亞諸國使者，都曾在此受到隆重迎送。這進一步證實了漢與西域的密切關係，體現了絲綢之路的繁榮。

滿眼黃沙的戈壁灘遺址南側，有一小片綠色山谷，山谷裏有一道細小的山澗，山澗形成三級臺地，盡頭湧出三眼泉水。史載，西漢稱為懸泉，唐代稱為懸泉水、貳師泉，當地人稱為吊吊水。

小方盤城遺址關城呈方形，為黃膠土夯築。四周城垣保存完好，城墙高達 10 米，有女墙、馬道。早期開北門，晚期開西門。

玉門關遺址

　　玉門關遺址位於甘肅敦煌，祁連山以西，疏勒河南岸，是公元前 2 世紀到公元 3 世紀漢王朝設立在河西走廊西端重要的關隘遺存。主要遺存包括小方盤城遺址、大方盤城遺址、漢長城邊墙及烽燧遺址等。

　　相傳，西漢時西域和田美玉從此關進入中原，因而得名玉門關，也稱「玉關」。玉門關地處河西走廊最西端，是西域與中原的門戶 —— 西出玉門關，即是茫茫大漠。也是絲綢之路東段和中段的節點，是絲綢之路興衰的親歷見證者，具有重要的意義。

　　玉門關曾幾度變遷。東漢和帝時，玉門關就因匈奴勢大，被迫東移四百里，在今玉門市玉門鎮。後來班勇為西域長史，乃重開小方盤城玉門關，率兵西進，並率西域大軍大破北匈奴呼衍王，進一步鞏固

大方盤城，又名河倉城，呈長方形，夯土修築，坐北朝南，是漢魏晉時期中原王朝西部防線儲備糧草給養的軍需倉庫。

了漢王朝對西域的統治，保障了絲綢之路的暢通。隋唐玉門關都不在小方盤城，很可能在鎖陽城一帶。

玉門關是絲綢之路必經之地，其防禦體系、交通管理制度、整體佈局等方面均體現了漢王朝對西域的經營與重視，為絲綢之路的通行提供了必要保障。玉門關遺址及其附近烽燧的出土文物如絲織品、兵器、陶瓷、漆器、糧食、屯田工具等，都是絲綢之路繁榮的物證。另外，這裏出土簡牘文書多達 2000 餘枚，內容多反映西域諸國，如「烏孫」、「鄯善」、「龜茲」、「大月氏」、「焉耆」等。此外，曆算書、醫藥方、曆譜、天象、占卜等方面的內容也多見於出土簡牘。可知科學技術交流也是絲綢之路的重要組成部分。

高昌故城

　　高昌故城位於新疆吐魯番，位處天山東南麓、火焰山南麓戈壁灘與吐魯番盆地北緣接壤的沖積扇綠洲。是公元前 1 世紀到公元 14 世紀絲綢之路中段東部吐魯番盆地最大的

高昌故城，又稱「亦都護城」，在維吾爾語裏，意為「王城」。

中心城鎮。從漢魏晉到隋唐再到宋元，歷 1400 餘年，幾經變亂，一直是天山東南麓重要的政治、軍事、經濟、文化、宗教中心和交通樞紐。

目前發現的遺存主要包括可汗堡宮殿遺址、城牆遺址、佛寺遺址、北部墓群等，以 9－13 世紀的回鶻時期遺址為主，最早可追溯到 3－4 世紀。

高昌故城地處絲綢之路中段東部交通節點，是西出玉門關第一重鎮，為研究古代西域城市文化、建築藝術、多種宗教和多民族文化在吐魯番地區的交流與傳播提供了資料。

西漢時，為西漢王朝在車師前部境內的屯田部隊所建，時稱高昌壁。漢魏晉均派遣戊己校尉到此，管理屯田，故又稱「戊己校尉城」。十六國時，前涼始在此置高昌郡。其後，又有多個地方割據勢力佔據此地，稱高昌王，以此地為高昌國國都，與中原王朝交好，受中原王朝冊封。唐太宗時，在此置西州，下轄高昌縣等地。宋元時，回鶻中的一部西遷至此，建高昌回鶻國，以此地為國都。後高昌回鶻內部發生叛亂，爭鬥持續四十餘年，高昌故城便於此時毀於戰火。

無論是作為中原王朝的郡治，還是高昌各代王國的都城，高昌故城
都以其開放的姿態，迎接東來西往的商旅、使者、僧侶、教士等，
這決定了其文化、藝術、宗教、習俗等方面的多樣性。

　　高昌故城出土文物有佛教、景教、摩尼教等各教派相關文物；
漢文、梵文、吐火羅文、波斯文、粟特文、回鶻文、吐蕃文等多種語
言文字的文書。從而可以看到漢、粟特、回鶻、吐蕃等多民族交流融
合，以及與中亞、西亞甚至歐洲人交流的特點。還有多種宗教在這裏
傳播的痕跡。此外，還有絲綿毛麻織物、錢幣、陶瓷、漆器、陶俑、
木雕等，都為絲綢之路曾經的繁榮做了很好的注腳。

交河故城

　　交河故城位於新疆吐魯番，東距高昌故城近 40 公里。是公元前 2 世紀到公元 14 世紀絲綢之路中段東部天山南麓重要的中心城鎮。遺存主要包括城址、溝北墓地和溝西墓地等。

　　交河故城地處東天山南麓，向東，過高昌進入河西走廊，經絲綢之路東段與中原相聯繫；向南，則通往鄯善，連接絲綢之路中段南線；向西，接通焉耆，經絲綢之路中段中線，可通往中亞；向北，

交河故城遺址

越過天山，可前往北庭，連通絲綢之路中段北線。如此重要的地理位置，決定了交河故城在西域一千多年歷史的重要性，其為行政、軍事、宗教、交通中心的必然性；決定了它在絲綢之路上重要的作用。

　　早在公元前 2 世紀左右，交河城即有古車師人活動。公元前 1 世紀車師分治，此地為車師前部國都。後高昌建國，此地為高昌下屬交河郡。唐時屬西州下轄交河縣，一度在此設安西都護府。高昌回鶻建國後，此地為高昌回鶻軍政重鎮。後與高昌一起毀於內亂戰火。

交河故城的佈局大體可分為三部分：一條南北大道居中，把居住區分為東西兩部分。大道北是寺院區，以一座規模宏大的寺院為中心組成。大道兩旁皆是高厚的街牆，臨街不設門窗。大道東區南部為大型民宅區，中部為官署區，北部為小型民宅區。大道西部除有民宅區外，還有很多手工作坊。整體而言，城區南北、東西垂直交叉，縱橫相連，形成很多街巷，將城區分為若干小區。這和中原城市洛陽、長安等的坊、曲佈局極為相似。如此看來，此地在唐代曾經進行有規劃的重修改建，而唐以前的舊城痕跡已面目全非，難以辨識。

交河故城四面臨懸崖，當地稱「崖兒城」。崖下兩河相交，因而得名交河。

交河故城的建築方式有三種：夯築法、減地留牆法、版築泥法。其中減地留牆法與版築泥法是交河獨有的建築方式。目前僅在相鄰的蘇貝希遺址有相同的發現，國內外其他地方均未發現有相對應的建築方式。

唐太宗始在北庭設「庭州府」，開始經營西域。武則天時期，改「庭州府」為「北庭大都護府」，開始大興土木，擴建城池佛寺，先後建有「應運太寧寺」、「高臺寺」、「龍興寺」等。

北庭故城遺址

北庭故城遺址位於新疆吉木薩爾，為 7－14 世紀天山北麓第一中心城鎮。遺存主要為唐至回鶻時期，包括北庭故城遺址、城址西部的北庭高昌回鶻佛寺遺址等。

北庭故城地處東天山北麓坡前平原，為絲綢之路中段北線必經之地。北庭往東可前往漠北草原；往北，則是遊牧民族中心之一的金山（今阿爾泰山）；往南，越過天山，可與高昌、伊吾、焉耆等相通，或轉東經吐魯番、河西走廊，與中原相聯繫；往西，則可到達中亞楚河流域的碎葉城。北庭如此四通八達，自然也就成為絲綢之路中段北線的重要貿易中轉站和交通樞紐。

北庭故城在中原政權與西域政權的交替中，見證了唐王朝設置「都護府」等邊疆管理模式及其對絲綢之路文化交流的保障，也見證了古代西域地區高昌、回鶻等多民族文明的發展以及多民族交流融合的歷程。

早在兩漢時期，這裏即有金滿城，是當時西域車師後部的王庭所在地。唐代在此地設北庭都護府，統轄天山以北以西、巴爾喀什湖以東以南的廣大地區，派重兵駐守，是天山北麓的政治軍事文化中心。高昌回鶻王國建立後，這裏被作為陪都，為高昌王行宮，仍然是北疆的政治中心。元代稱別失八里，設別失八里宣慰司和北庭都元帥府。元朝後期，察合台汗國對別失八里和高昌地區發動「聖戰」，毀壞城池，搗毀佛寺，殺害僧侶，強迫當地人民改信伊斯蘭教。北庭故城未能幸免，從此城毀人荒，淪為廢墟。

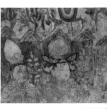

唐文宗時期，原本居住在漠北鄂爾渾河流域的回鶻部大舉西遷，其中一部定居北庭一帶，北庭都護府城池為其所用。回鶻人原本信奉摩尼教，高昌回鶻建國後，開始皈依佛教。

　　北庭高昌回鶻佛寺遺址即北庭西大寺，是新疆天山北麓僅存的一座早期佛教遺址。位於城址以西約 700 米的西河壩東岸臺上，建於高昌回鶻時期，是高昌回鶻王國的王家寺院。寺院整體為前殿後塔的形式，北部為塔形正殿，塔各面殘存兩層環築的洞窟大龕。南部為配殿建築群。均發現大量佛像和壁畫。壁畫有千佛、菩薩、供養比丘像，護法和經變故事等，多為反映佛教思想，以及高昌回鶻王室供養人像及其生活等內容。畫中有回鶻文和漢文題記，是研究新疆古代宗教、藝術、語言文字等的珍貴資料。

蘇巴什佛寺遺址

　　蘇巴什佛寺遺址位於新疆庫車。遺存主要包括庫車河東岸佛寺遺址群（含佛殿、佛塔、僧房等）和庫車河西岸佛寺遺址群（含佛殿、佛塔、僧房、洞窟等）。

　　蘇巴什佛寺始建於約 3 世紀的東漢時期，晉到隋唐是它的鼎盛時期，後因戰火，日漸衰落，大約 10 世紀的北宋以後，逐漸荒廢。是新疆發現的西域地區保留至今規模最大、保存最完整、歷史最悠久的佛教建築群遺址。

蘇巴什在維吾爾語裏是「水頭」或「龍口」的意思。蘇巴什佛寺在晉到隋唐時期也是龜茲地區的佛教文化中心，極有影響。

蘇巴什佛寺遺址作為天山南麓古龜茲地區重要的佛教建築群遺址，以其發現的壁畫、絲織品、陶瓷、舍利盒、文書等遺存或文物，見證了絲綢之路上古龜茲地區多種文化的交流和商貿往來。

　　蘇巴什佛寺是東西方文化的一個節點，是佛教文化傳播和發展的一個重要支點。佛教源自印度，但它最輝煌的發展是在中國，而進入中國，正是從龜茲開始的。蘇巴什佛寺是當時龜茲最具代表性的佛寺，也是西域佛教的傳播中心——不僅僅傳播佛教思想、佛教教義，同時也傳播佛教藝術、佛教建築等。它既繼承了印度佛教藝術、建築，又有自己在形制、佈局、設施等方面的創新，對龜茲以東的河西、中原地區都產生了深刻影響，尤其是佛塔這種建築形式，經過漢文化的變化，成為漢文化傳統建築的一個樣本。

東岸佛寺遺址群分佈於庫車河東岸的山梁上，依山而築，寺垣已毀，殘存塔廟、房舍等遺址。有南、北、中三座佛塔，南塔保存較為完好。

　　佛教 —— 尤其是漢傳佛教的傳播路線，正好與絲綢之路相吻合，因此，漢傳佛教也被稱為「絲路佛教」。從佛教的發展歷程來看，佛教首先在印度就吸收了犍陀羅地區與希臘文化相融合的新的藝術；其後，又有兩河流域文明的匯入；之後越過蔥嶺，與中華文明擦出火花，如此，四大文明便匯合碰撞產生出新的反應。而這新反應的地方就是西域和河西地區，再也沒有其他地方。而其中的代表就是蘇巴什佛寺，以及同在龜茲境內的克孜爾石窟和河西地區的敦煌石窟。

西岸佛寺遺址群位於庫車河西岸，包含佛殿、佛塔、僧房遺址以及洞窟等。主要由北、中、南三塔、佛殿和南部寺院組成，大部分遺址保存較好。

　　龜茲是古代西域三十六國中的大國，最強盛時，疆域東到庫爾勒，西至巴楚，南接塔克拉瑪干沙漠，北抵天山腹地，國都所在地即為今天庫車一帶。東漢時就在此地設立西域都護府，唐代設安西都護府。同時，庫車也是絲綢之路上的一處重要商埠。因其地處絲綢之路的樞紐，也是絲綢之路的一處極為重要的交匯點，因而也是西域地區政治、軍事、經濟、文化、宗教的中心。

克孜爾尕哈烽燧

　　克孜爾尕哈烽燧位於新疆庫車，是公元前 2 世紀到公元 3 世紀漢王朝設立在天山南麓交通沿線的軍事警戒保障設施。原高約 30 米，現存殘高約 13 米。是目前發現的中國新疆保存最好、規模最大，極有代表性的古代烽燧遺存。

　　克孜爾尕哈烽燧位處塔里木盆地北緣卻勒塔格山南麓鹽水溝東岸的戈壁臺地上，視野極為開闊。此地乃是漢代西出玉門關，通往龜茲、疏勒以及天山北麓烏孫的交通要道。克孜爾尕哈烽燧歷經風雨、戰火，仍屹立 2000 多年而不倒，為絲綢之路沿途的安全保障做出了貢獻。

在維吾爾語裏，克孜爾的意思是「紅色」，尕哈的意思是「哨卡」，克孜爾尕哈就是「紅色哨卡」。

烽燧又稱烽火臺，是古代邊防報警的軍事傳訊設施。臺上有哨兵駐守，一有情況，哨兵即刻報警。夜晚點火稱為烽，白天放煙稱為燧。白天放煙多用狼糞，因其煙濃且直，效果最佳，又稱狼煙。

　　烽燧是古代邊防軍事活動的重要組成部分，主要用於偵察、警備、通訊等，在邊防和戰爭中有着極為重要的作用。常常與城堡、驛站、關隘等聯繫在一起，形成完整的防禦系統。

　　烽燧遍佈西域各地，大致為東西線、南北線走向。西域烽燧的設立是中原王朝經營西域的參與者，也是中原通往西域沿線的路標，還是西域各地互相聯繫的見證，更是絲綢之路沿線的守護者。它們既為絲綢之路提供了安全保障，也為茫茫戈壁上的往來商旅帶來希望、指引方向。克孜爾尕哈烽燧正是其中極有代表性的一員。

克孜爾石窟

　　克孜爾石窟位於新疆拜城。石窟開鑿於天山南麓渭干河谷北岸明屋塔格山的山麓和峭壁上，因蘇格特溝將山體分割，致使石窟自然形成谷西、谷內、谷東、後山四個部分。

　　克孜爾石窟開鑿於 3－9 世紀。洞窟形制有中心柱窟、大象窟、方形窟、龕窟、異形窟、僧房窟等，還有多種洞窟組合形式，其中中心柱窟即「龜茲型窟」最具代表。窟內造像極少，但壁畫很多，有 10000 餘平方米，內容包括佛像、佛經故事、動物和山水樹木、裝飾圖案和供養人畫等。窟內還發現漢文、突厥文、回鶻文、婆羅迷文、察合台文等多種古文字題記和文書。

克孜爾石窟介於阿富汗巴米揚石窟和敦煌石窟之間，十分特殊，是絲綢之路上極為重要的文化節點，對東西方文化 —— 特別是佛教石窟藝術起到了西融東傳的作用。

佛教石窟伴隨佛教東來，進入中國範圍的第一站即是克孜爾。克孜爾石窟沿用了源於印度的石窟形式，又結合本地文化特色，獨創出中心柱窟和大像窟等新形式，形成獨特的龜茲風格。並繼續向東影響了河西、隴右、中原地區；同時，也向西影響了中亞的佛教石窟藝術發展。克孜爾石窟保留的石窟形制式樣豐富，使其成為中國現存石窟寺中洞窟類型最齊備的佛教石窟寺遺存。

鳩摩羅什（344-413年），後秦高僧，中國佛教傑出的譯經大家，最早開始將梵文佛經翻譯成漢文的僧人之一。鳩摩羅什出生於龜茲，曾往天竺遊學，後往長安，被尊為國師。鳩摩羅什譯經量多而質高，對佛教在中國的傳播產生了極大的影響，尤其大乘空宗經典的翻譯，為中國哲學提供了新的思維方式，影響了魏晉玄學的發展。

　　克孜爾壁畫藝術融合了希臘化的犍陀羅藝術、印度風格的秣菟羅藝術，並摻雜了西亞風格，具有明顯的西方影響。同時，又與本地文化、佛教教義等相結合，形成獨具一格的龜茲石窟藝術，無異於絲綢之路上的一顆明珠。

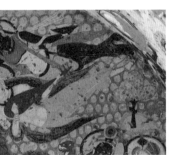

克孜爾石窟壁畫有一種特殊的菱格
畫，多出現在洞窟券頂，以紅白藍
綠等顏色相間排列，繁而不亂。菱
格畫內容多樣，早期以寫實的山巒
為主，並繪有動植物等；後期逐漸
符號化；後來更在菱格裏面畫佛教
故事，主要有本生故事和因緣故事
兩種。這是克孜爾石窟所獨有的藝
術形式。

　　早期壁畫中，可以看到以肉體靈魂為寄託，表達對佛、菩薩、飛
天等的崇敬。裸體藝術也成為絲綢之路文明的一個象徵。而在石窟眾
多裸體形象中，女性所佔比重相當大，甚至菩薩也有不少女性裸體形
象。這是明顯受犍陀羅藝術影響，並與龜茲人自身文化相結合的結果。

　　克孜爾石窟的飛天形象多為男女搭配，一起出場，這與敦煌以及
更東方的中原各石窟略有不同。它們的飛天形象多為女性，男性形象
較為少見。

哈薩克斯坦 阿拉木圖

開阿利克遺址

越過天山繼續向西，踏上七河流域的土地，就進入了中亞地區，也進入了絲綢之路西段。七河流域東端有伊犁河流域，伊犁河流域以遊牧文明為主，形成聚落，但也出現了早期城市化比較發達的城市。

開阿利克就曾是七河地區東北最大的貿易、工藝和文化中心，是葛邏祿時代的都城之一。從 1964 年開始，對該處遺址的考古發掘工作就已展開。遺址內發現了摩尼教和佛教的寺廟遺跡，還發現有約 12－14 世紀的伊斯蘭教的文化遺跡，包括清真寺和墓葬等。

開阿利克遺址位於哈薩克斯坦阿拉木圖，曾是葛邏祿古國的首都，是絲綢之路上重要的商貿城鎮。遺址時代為公元 8－13 世紀。

卡拉摩爾根遺址位於哈薩克斯坦阿拉木圖，是伊犁河三角洲重要的商貿城市，也是絲綢之路巴爾喀什部分重要的中轉站，絲綢之路自此向西通往哈薩克斯坦中心地區，穿過中亞，然後到達東歐。遺址時代為公元 9－12 世紀。

卡拉摩爾根遺址

　　在北部，則有伊犁河三角洲地區中世紀農耕文明最北端與最大的城市——卡拉摩爾根，也是絲綢之路上一處重要的中轉站。

　　卡拉摩爾根在突厥語裏面，意為黑色獵人。雖然這裏遭受過破壞和侵蝕，但還是保留了部分廢墟和灌溉系統以及運河遺跡。同時，這裏也發現了含鐵和不含鐵的金屬，彩色玻璃和珠寶，還有很多骨頭、陶瓷、陶俑等等。

塔爾加爾遺址位於哈薩克斯坦阿拉木圖，是伊犁河流域重要的商貿城市，見證了該地區在中世紀與其他國家間的貿易聯繫。遺址時代為公元 8－13 世紀。

塔爾加爾遺址

南部的塔爾加爾是重要的商貿城市，來自中國、伊朗、印度、日本等地的產品通過絲綢之路被帶到這裏，又從這裏帶到開阿利克。

在對塔爾加爾遺址的考察中，發現這裏的院子和房屋以及圓頂帳篷是相結合配套的，這揭示了遊牧民族安定下來的轉變，也展現了傳統的遊牧民族在伊犁河谷一帶安定平和的城市生活。

哈薩克斯坦　江布爾

阿克托貝遺址

　　繼續往西，進入楚河流域，同時，也進入塔拉斯山谷。這一地區主要是遊牧文明和農耕文明交匯地帶，城市化程度並不高，還處於過渡階段。但是商貿、手工都很發達，通過對阿克托貝遺址進行考古發掘，造幣廠、釀酒工坊都有發現。

　　在阿克托貝遺址，發現了黃銅、青銅以及銀幣等多種多樣的錢幣，同時通過對錢幣屬性的分析，證實這裏曾有造幣廠。根據七河一帶銘文的解讀，可以知道粟特人是葡萄酒的主要生產和傳播者。而在阿克托貝遺址，也發現了生產葡萄酒的人工遺跡和物品。

阿克托貝遺址位於哈薩克斯坦江布爾，地處楚河和塔拉斯山谷的遊牧文明與農耕文明的交匯地，是絲綢之路上的大型商貿和工藝城鎮，也是七河地區的文化中心之一。遺址時代為公元 7 – 13 世紀。

庫蘭遺址

　　庫蘭在中國的歷史記載中，比較早，也比較多見。張騫的西行路線指南，唐代的文獻中，都有關於庫蘭的記載。而在阿拉伯的文獻中，也提到了庫蘭城。

　　在庫蘭遺址，可以看到瞭望塔、防禦工事、市場等遺跡，證明正在努力向城市化方向發展。同時，也可以發現伊斯蘭教、薩滿教等宗教遺存，證明這座城市也是宗教信仰、價值的交匯點。

庫蘭遺址位於哈薩克斯坦江布爾，地處天山山腳進入塔拉斯河谷的遊牧文明與農耕文明的交匯地，是楚河流域重要的商貿城市。遺址時代為公元 6－13 世紀。

奧爾內克遺址

再往西，則進入塔拉斯河流域，這裏城市化程度更高，也更成熟。

奧爾內克還是早期突厥部落聚落發展的城市，它的轉換為城市，成為了遊牧民和移居者的價值交換橋梁。

這裏居住着遊牧民，也居住着城鎮居民，他們各自傳播自己的文化、生活方式以及精神价值，同時又彼此交換，互相影響。遊牧民也開始加入交易、手工、農民等職業當中。

奧爾內克遺址位於哈薩克斯坦江布爾，是塔拉斯河流域重要的商貿城市。遺址時代為公元 8–12 世紀，是早期遊牧民族突厥部落定居於此，逐步發展為絲綢之路上的城市。

阿克亞塔斯遺址位於哈薩克斯坦江布爾，是塔拉斯河流域重要的商貿城市。遺址時代為公元 8－14 世紀。其考古建築帶有明顯的中東建築傳統和風格，是建築風格沿絲綢之路遠距離傳播的例證。

阿克亞塔斯遺址

　　阿克亞塔斯則有明顯的中東城市化痕跡，建造時有阿拉伯建築師參與。阿克亞塔斯遺址主要是宮殿建築群遺跡。有人認為這些宮殿是佛教的寺院，也有人認為這是景教的寺院，目前為止並沒有統一的認定。《長春真人西遊記》一書中，記錄了全真教道士丘處機曾到過此地。

科斯托比遺址位於哈薩克斯坦江布爾，是塔拉斯河流域重要的商貿城市，也是七河地區西南部的文化、商業、製造業中心。遺址時代為公元6－12世紀，目前的考古發掘以9－10世紀為主，展現了絲綢之路沿線塔拉斯河谷城市的文化和商業關係。

科斯托比遺址

科斯托比已是七河地區重要的文化、商業、製造業中心，城市化程度很發達。

絲綢之路是一個獨特的文化價值交流和傳播的例子。七河流域地區是遊牧民族文化和固定農耕文化的綜合體。這裏也是多民族，多信仰交流融合的地方。考古研究發現，這裏曾通行過突厥語、鄂爾渾語、阿拉伯語等多種民族語言；基督教、伊斯蘭教、佛教、摩尼教、瑣羅亞斯德教、薩滿教等都或先或後在此和平共存。

吉爾吉斯斯坦 托克馬克

碎葉城

公元 5 世紀時，粟特人在楚河岸邊建了一座商業城堡，就是碎葉城，今阿克·貝希姆遺址。此後，突厥佔領該城。隋朝初年，突厥分裂，以碎葉城為都城的西突厥歸附隋朝。唐貞觀十四年（640 年），唐王朝在此設安西都護府，統轄碎葉等四鎮。

碎葉城，又譯為素葉城、素葉水城，因在碎葉水邊而得名，碎葉水即是今流經吉爾吉斯斯坦和哈薩克斯坦境內的楚河。

碎葉城位於吉爾吉斯斯坦托克馬克，遺址時代為公元 6－12 世紀。是西突厥、突騎施汗
國和葛邏祿汗國的都城，還曾是唐朝主要的邊塞重鎮，與龜茲、疏勒、于闐並稱「安西
四鎮」。

巴拉沙袞城位於吉爾吉斯斯坦托克馬克，建於公元 10 世紀。是喀喇汗王朝（即黑汗王朝）
分裂之後，喀喇契丹王朝的都城，也是中世紀楚河流域最大的城市之一，更是絲綢之路
上重要的商貿中心。

巴拉沙袞城

　　唐高宗時，檢校安西都護王方翼，仿照東都洛陽，對碎葉城進行
了大規模規劃建設。同時，王方翼在碎葉城東不遠處，又建立了一所
新城，作為碎葉城的衛城，即巴拉沙袞城，今布拉納遺址。

　　黑汗王朝信奉伊斯蘭，同時也包容其他宗教。巴拉沙袞城也是第
一個伊斯蘭教化突厥王朝都城。

　　巴拉沙袞城的顯著特徵是宣禮塔，原高近 50 米，今殘存約 24
米。在伊斯蘭地區，這座保留下來的宣禮塔很可能是最古老的塔的類
型。此外，巴拉沙袞城西北角有大量的石人矗立，相貌迥異，與新疆
西北伊犁草原石人有不少相通之處。

新城位於吉爾吉斯斯坦托克馬克，距碎葉城僅 20 公里左右。是 6－12 世紀黑汗王朝的都城之一，中亞地區的伊斯蘭文化中心。

新城

　　唐玄宗時期，唐朝大將軍裴羅又在碎葉城西建裴羅將軍城，即新城，今科拉斯納亞·瑞希卡遺址。

　　唐王朝滅亡以後，以三城為中心出現了黑汗王朝。後來，契丹遼國在中原被宋金聯軍打敗，向西遷徙，滅黑汗王朝，建立西遼王朝。後成吉思汗率蒙古大軍西征，滅西遼，三城同時廢棄。

　　碎葉城三地地處絲綢之路的咽喉要道，多條線路在此交匯。中西商人匯集於此，東西使者、教士、僧侶等，也都必經此地。商業十分繁榮，文化也很發達，是古代絲綢之路要衝的最好體現。在三地發現的宗教和民間建築遺跡，也可以看出其融合了突厥、印度、粟特和中原文化，展現了祆教、景教和佛教的傳播，是見證絲綢之路發展軌跡的重要遺存。

□ 責任編輯　蕭　健
□ 裝幀設計　高　林
□ 排　版　賴艷萍
□ 印　務　劉漢舉

圖說絲綢之路

□
編著
高亞芳　王力

□
出版
中華書局（香港）有限公司
香港北角英皇道 499 號北角工業大廈一樓 B
電話：(852) 2137 2338　傳真：(852) 2713 8202
電子郵件：info@chunghwabook.com.hk
網址：http://www.chunghwabook.com.hk

□
發行
香港聯合書刊物流有限公司
香港新界大埔汀麗路 36 號
中華商務印刷大廈 3 字樓
電話：(852) 2150 2100　傳真：(852) 2407 3062
電子郵件：info@suplogistics.com.hk

□
印刷
美雅印刷製本有限公司
香港觀塘榮業街 6 號 海濱工業大廈 4 樓 A 室

□
版次
2017 年 6 月初版
2020 年 7 月第 2 版
© 2017 2020 中華書局（香港）有限公司

□
規格
16 開（230 mm×153 mm）

□
ISBN：978-988-8676-36-1

本書中文繁體字版由中華書局（北京）有限公司授權出版